幼児と健康

日常生活・運動発達・こころとからだの基礎知識

小野 次朗・榊原 洋一
編著

本書を学んでいただくにあたって

　本書は、幼児教育の専門家を志す学生のみなさまに、そして、いま、保育・教育の現場で、幼児教育を実践され、そして幼児教育にかかわり、幼児教育を支える先生方に読んでいただくことを念頭におき、編集いたしました。各章の執筆を担当してくださった先生方には、子ども理解と支援・指導の土台となる基礎知識に留意した内容を依頼しました。

　第1章に述べられていますが、幼稚園・保育所・認定こども園における、指導に関する新しい教育要領や指針が同時期に発表され、2018年4月1日から施行されています。読者の方々には、第1章、第2章では幼児が示す精神面ならびに運動面における発達について、第3章では、幼児期の集団生活を通して食べることの楽しさや日常生活活動支援のあり方について、理解を深めていただきたいと思います。

　さらに、健康を考えるとき、その対極となるのが病気とけが（事故）です。第5章では、幼児期に罹患しやすい病気について、第6章では、けが（事故）を防ぐために、子どもたちへの安全教育のあり方ならびに指導者・支援者が知っておくべきけが（事故）や危険についての要点を示しています。第7章、第8章では、幼児期の運動の特徴の基礎知識と、その知識を教育実践としての遊びにどのようにつなげていけばよいのかについて、具体的に解説しています。

　新しい「幼稚園教育要領」、「幼保連携型認定こども園教育・保育要領」および「保育所保育指針」において、「幼児期の終わりまでに育ってほしい姿」が示されています（第1章）。本テキストにおいても、「幼児期の終わりまでに育ってほしい姿」から、「健康な心と体」、「自立心」、「協同性」、「道徳性・規範意識の芽生え」などを織り込んでおります。本書を通して、子どもの健康にかかわる知識と子ども理解をすすめていただくことを願っております。

　最後に、本書の作成にあたりまして、写真の撮影ならびに掲載のご許可をいただきました方々に深謝いたします。また、編者の無理難題に快く応援してくださいました、ジアース教育新社社長加藤勝博様ならびに編集担当の市川千秋様のご厚意に、心からお礼申し上げます。

　本書が幼児期の子どもたちの支援の一つとなることを願って。

2020年3月11日

小野 次朗・榊原 洋一

目　次

本書を学んでいただくにあたって

第1章

幼児の健康

本章の目標
・幼児が「健やかに生きる」とはどのようなことかを学ぶ
・他者との関係性の中で育まれる幼児の心の健康を考える
・「幼児期の終わりまでに育ってほしい姿」を理解する
・幼児の健康課題を理解する

1 健やかに生きることを考える

（1）健康の定義

　「健康とは、病気でないとか、弱っていないということではなく、肉体的にも、精神的にも、そして社会的にも、すべてが満たされた状態にあることをいいます」[1]。これは、WHO（世界保健機関）憲章前文に示されている健康の定義です。1998 年には、ダイナミクスと、スピリチュアルという用語を加えることが提案されました。ダイナミクスは「健康と疾病は別個のものではなく連続したものであるという意味付けから」[1]、スピリチュアルは「人間の尊厳の確保や生活の質を考えるために必要で本質的なものだという観点から」[1] と説明されています。定義には加えられなかったのですが、人が健康であることを全人的に捉えようとする趣旨が示されたといえます。そして、WHO が示した肉体的、精神的、社会的、スピリチュアルな状態は相互に影響を与えています。

　健康の定義には、人が健やかに生きることや人の苦しみを理解するときに、身体的な病気や障害だけではなく、不安、悲しみ、孤独などの精神面で、また生活する社会（集団）における役割や他者との関係性なども含めて、多面的に捉えていく重要性が表わされています。さらに、スピリチュアルという用語から考えられる人生の意味や価値体系などを含めると、人の痛みや苦しみは全人的であり、ケアやサポートも全人的に考えていくことは不可欠です。

子どもの健康状態を捉えるときも同じです。身体的な面だけではなく、子どもの心にある溢れる思いや、子どもを取り巻く人びとからの影響や他者・他児との関係性も理解する必要があります。また、子どもに対する健康の課題は、大人の視点ではなく子どもの視点から取り組むことが大切です。

（2）子どもの権利

　1989年に国連で採択された「児童の権利に関する条約（子どもの権利条約）」は、子どもが一人の人として尊ばれる大切さを掲げています[2]。子どもの権利は、子どもが守られ、愛され、保護され、養護され、発達を保障される受動的権利と、自分の意見を表出し、自分で主体的に行動する能動的権利が含まれています。ユニセフは子どもの権利を大きく4つに分けて示し（**表1-1**）、「子どもの権利条約」一般原則について説明しています（**表1-2**）。

表1-1　「子どもの権利は大きく分けて4つ」

・生きる権利	すべての子どもの命が守られること
・育つ権利	もって生まれた能力を十分に伸ばして成長できるよう、医療や教育、生活への支援などを受け、友達と遊んだりすること
・守られる権利	暴力や搾取、有害な労働などから守られること
・参加する権利	自由に意見を表したり、団体を作ったりできること

出典：日本ユニセフ協会「子どもの権利条約」

表1-2　「子どもの権利条約」一般原則

・生命、生存及び発達に対する権利（命を守られ成長できること）
　　すべての子どもの命が守られ、もって生まれた能力を十分に伸ばして成長できるよう、医療、教育、生活への支援などを受けることが保障されます。
・子どもの最善の利益（子どもにとって最もよいこと）
　　子どもに関することが行われるときは、「その子どもにとって最もよいこと」を第一に考えます。
・子どもの意見の尊重（意見を表明し参加できること）
　　子どもは自分に関係のある事柄について自由に意見を表すことができ、大人はその意見を子どもの発達に応じて十分に考慮します。
・差別の禁止（差別のないこと）
　　すべての子どもは、子ども自身や親の人種、性別、意見、障がい、経済状況など、どんな理由でも差別されず、条約の定めるすべての権利が保障されます。

出典：日本ユニセフ協会「子どもの権利条約」

　日本の施策も、この「子どもの権利条約」を踏襲しています。子どもの権利を認識し、子どもの健やかな育ちを守り支えていくことは社会の責任です。

（3）ICF（国際生活機能分類）からみた「障害」

ICF（International Classification of Functioning, Disability and Health：国際生活機能分類）も、「すべての人に健康を」達成することを目標に掲げるWHOの総会で2001年に採択されました。英語表記を直訳すると、「生活機能（Functioning）、障害（Disability）、健康（Health）の国際分類」です。人が暮らし生きていることを基底に、困難さ（障害）を理解し、その人らしく生きていくための支援をつくり出すモデルの一つであり、児童版（乳児から18歳未満）はICF-CY（Children & Youth Version）です。

ICF（**図1-1**）では、「障害」を、医学的な面からみた捉え方として、「心身機能・構造」上の病気やけがなどによって「活動」や「参加」上に生じる「障害」だけではなく、環境（「環境因子」）や人と人との関係性（「参加」）の中でつくり出される「障害」についても重視しています。ゆえに、子どもの健康を考える場合にも、医療の枠組みだけではなく、暮らしの中で子どもを取り巻く環境の調整も課題となります。

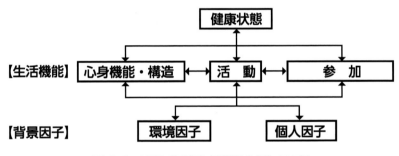

図1-1 ICF（国際生活機能分類）モデル

ICFを構成する要素には、人が暮らし生きている全体像を示す①「生活機能」の3つのレベルと、「生活機能」に（促進因子として）プラスにも（阻害因子として）マイナスにも影響を及ぼす②「背景因子」の2つと、③「健康状態」とがあります。それぞれの要素は互いに影響を与えています。

「生活機能」には、「心身機能・構造（心身の働き・体の各部分や臓器）」「活動（生活上の行為）」「参加（地域や学校や職場での役割を担うことや社会参加）」のレベルがあり、「活動」には実際にしている活動（生活行為）と、機会や支援によってできる活動（能力：潜在能力も含む）があります。「生活機能」上のプラス面を把握したうえでマイナス面に留意して、そのマイナス面を「障害」として、左から順に「機能障害（構造障害）」「活動制限」「参加制約」と捉えます。

「生活機能」の各レベルは分類され、たとえば、「活動」「参加」の「大分類」

をみると、「共通リスト」として、学習、コミュニケーション、運動、セルフケア、家庭生活、対人関係、社会生活などの項目が示されています。その下位に、中分類100、小分類174があります。チェックリストとしても使え、具体的に「活動」や「参加」の内容を確認していくことができます。

「背景因子」には「環境因子」と「個人因子」があり、「環境因子」は生活を取り巻くすべてを含みます。物的・物理的環境（建物、用具、交通、自然環境など）、人的環境（家族、友人など周りの人、人の態度やまなざしなどを含む社会的な意識）、社会的環境（サービスや制度・政策など）が含まれ、人にプラス（促進因子）にもマイナス（阻害因子）にも働きます。「環境因子」は「生活機能」と相互に影響を及ぼしあっています。つまり、環境との関係性、すなわち、モノや人や制度との関係性においてつくり出される「障害」があるのです。

実際、子どもの困難な状態に対する支援を計画・実施する場合に、ICFの分類を用いて子どもの全体像から問題を把握し、「生活機能」上のプラス面を理解して、子どもの思いやニーズに気づいてそれを共有することは、支援する人たちが連携することを容易にします。ICFを活用して必要な支援を計画していくことは、子どもを取り巻く環境（たとえば保護者支援）を整え、子どもの「能力」を引き出し、健やかな発達を促すことにつながります。

このように、ICFはWHOの健康の定義を基底として、子どもの全体像から支援をつくり出すツールとなります。ICFを通して、その子どもの発達課題や困難さに向き合うことは、誰もが大切にされる優しい社会のあり方や生きることを支える社会的資源を考える機会にもなります。

2 幼児期の心の健康

（1）関係性を育む

1）新生児微笑

子どもは胎児期から、他者とのかかわりの中で生きています。誕生して間もなく、微笑みを見せてくれます。養育者（多くが親）の注意を引くために、また愛され、世話をしてもらうために無意識のうちに起こる微笑みと理解され、生理的微笑とも、新生児微笑とも、自発的微笑ともいわれています。親がその微笑みを見て子どもをかわいいと感じる表情や、声かけ、また抱っこなどの応答的行動が繰り返されることによって、子どもは次第に、親の行為に反応して

（刺激され）微笑み返すようになります。この表情は社会的微笑といわれています。生まれたばかりの新生児は、自分の力で食べ物を得ることも排泄の処理も、安全・安心を確保することもできないため、その必要を知らせるために養育者に働きかける表情や行為を示します。泣くこと、微笑むこと、原始反射などの運動面も発達していきます（第2章参照）。

2）J.ボウルビィによる「愛着行動」の4段階

　乳幼児期には、子どもは、不快（おなかがすく、おむつが濡れる、など）な状態を伝え、それを解決して安心・安全をもたらしてくれる特定の保育者との間に徐々に愛着を形成していきます。子どもは日常的に守られるとともに、保育者との情緒的なやり取りや身体的な接触によって、次第に保育者が子どもの安全基地となり、乳児期後期では子どもの愛着行動（後追いなど）が現れるようになり、3〜4歳頃には愛着が形成されていきます。この愛着の形成が、保育者を信じることにとどまらず、自分を信じる力となり、その後の対人関係に影響を与えていきます（**表1-3**）[3]。

　好ましくない環境下でなければ、個人差があっても、おおよそ**表1-3**に示した段階を経過していきます。

　第1段階では、特定の人に愛着をもたず、周りの誰にでも関心をもち、目で追い、声を聞き、微笑み、手を伸ばして生理的欲求を表します。原始反射が見られる時期でもあります。乳児の行動が大人の気持ちを引き寄せ、大人にとっても乳児にとっても親密な相互作用が重ねられていきます。

　第2段階では、接触の多い特定の人に対して関心を示し、より深い結びつきが生じてきます。特定の人に対する追視や微笑み、不安なときに泣いたり、そばに寄ったりする仕草が見られるようになります。

　第3段階では、特定の人への愛着行動が見られ、知らない人に対する恐怖や警戒する感情を表して泣いたりするようになり、いわゆる人見知りが見られるようになります。子どもの関心は広がり、愛着をもつ特定の人を安全基地として探索行動が見られ、特定の人の姿を確認して安心したり、不安なときにはそこに戻ったりします。特定の人を後追いし、見えなくなるとパニックになったりしますが、その人が戻ってくると嬉しい表情を示すようにもなります。

　第4段階は、大人と同類の基礎的な情動が出そろう時期です。3歳を過ぎると、信頼関係のある特定の人（多くは母親）を安全基地とすることで、周りの世界に興味を広げ、行動範囲が広がっていきます。特定の人が目の前にいなくても状況を理解して、時間がくれば戻ってくることも理解していきます。

表 1-3　ボウルビィの「愛着行動」の４段階

第1段階	人物弁別を伴わない定位と発信　愛着はもっていない 誕生から少なくとも8週、一般的には12週頃まで続く（好ましくない環境条件によってはさらに持続） ・特定の人と他の人とを弁別する能力はまだ存在しない。 ・乳児の示す行動には、その人に対する定位、追視、つかむ、手を伸ばす、微笑みなどが含まれている。 ・人の声を聞き、顔を見ると泣きやむことが多く、このような乳児の行動が相手の行動に影響を与え、一緒にいる時間を長くしていく。約12週以降には親密な諸反応の強さが増大する。
第2段階	ひとり（または数人）の弁別された人物に対する定位と発信 12週以降明確になり6か月頃までつづく（好ましくない環境条件によってはさらに持続） ・乳児と相手との親密な反応の強さは12週以降に増大し、母性的人物に対してより強く、「自発性、活発さ、よろこびにおいて満たされた社会的反応」を示すようになる。 ・この時期に、聴覚刺激、つづいて視覚刺激に対する反応が認められるようになる。
第3段階	発信ならびに動作の手段による弁別された人物への接近の維持 愛着をもっていることが明らかな段階。通常、生後6〜7か月の間に始まる。環境によっては、2歳まで続く ・人を区別して接近するようになり、誰に対しても示されていた親密で無差別な反応は減少し、反応の種類も広がる。愛着対象人物への接近の維持が始まる。 ・特定の人（母親であることが多い）に対する愛着が強くなり、外出する母親を追い、帰宅した母親を迎える。探索活動のよりどころとして母親を利用する。 ・見知らぬ人は警戒されるようになる。
第4段階	目標修正的協調性の形成　3歳中頃には十分に始まる ・原始的な認知図を用いて、単純に構成された目的修正的なシステムを用いるようになり、その認知図の中で、母性的人物はまもなく、空間、時間の連続において多少予測できる動きを示す対象となる。 ・母親の行動やそれに与える事柄を観察することによって、母親の目標の一部を推察できるようになり、そして、母親の感情および動機について洞察しうるようになる。 ・このような状態がパートナーシップを発達させるための基礎を形成する。

ボウルビィ（黒田（訳））（1976）『母子関係の理論　Ⅰ愛着行動』p314-317 より筆者作成

＊定位（orientation）とは、自分の位置から、養育者を目で追い、声を聞いて認知すること。
＊発信（signals）とは、養育者に微笑み、声を出し、合図をしてシグナルを送ること。

　述べてきたように、子どもには受容的で愛情豊かな環境が不可欠です。誕生後、身近な保育者を拠りどころとして不快な状態を解決し、情緒的・身体的なつながりを育み、その人は子どもにとって信頼できる特別な存在となっていきます。それが幼児期に他の子どもとの情緒的な関係性を育む力にもなっていきます。

3）対人関係の発達

　他者とのつながりの一つに、感じたことや考えたことがらを分かちあう、情緒的な感情共有を基底とした関係性があります。自閉スペクトラム症のある子どもを対象としたRDI（対人関係発達指導法）のプログラムをつくり出した

S.E. ガットステインは、他者との情緒的な感情の相互作用に着目し、乳幼児期の定型発達のレベルを6段階で示しています（**表1-4**）[4]。

　レベル1は、6か月頃までの大人（以下、親とする）と子どもが互いに同調していく段階で、親と子はお互いの表情や声などに敏感になり、一方が不安や喜びを感じると他方がそれに反応するというように、互いの情動を共有していきます。自分の周りの世界が広がっていくこととともに、親の落ち着いた表情を参照して安心感を得たり、親の行為を参照して、次に起こることを予期したりすることができるようにもなります。

　レベル2では、子どもは他者を参照して、他者と自分の行動を協調させ、そのために自分を調整するための基本的な枠組みを理解して、一緒に何かをする楽しさがわかるようになってきます。

　レベル3では、それまでの基本的枠組みを外して、他者と共に協同で変化を加えた遊びや行動に、楽しみや驚きを表すようになります。

表1-4　情緒的な感情の対人相互作用を基底とした発達段階

【レベル1】 6か月頃まで	・情動の調律 ・安全、安心を得るために、大人を参照する ・大人からの声かけや刺激（おもちゃ）を楽しむ ・単純な「あそび」のやり取りがわかってくる
【レベル2】 生後6か月頃 〜1歳頃	・順序やルールがわかってくる ・大人から与えられる変化を楽しむ ・同時進行する動作に参加しようとする ・大人を観察して合わせた動きを示す
【レベル3】 1歳〜1歳半頃	・大人から与えられる変化を一緒に楽しもうとする ・大人と一緒に、動作をつなげていくことに参加しようとする ・ルールと役割を変更するような活動にも楽しもうとする ・大人と新しい活動をつくり出す
【レベル4】 1歳半〜2歳半頃 外部世界を共有する	・共同注意を用いて、視覚と言語によって大人と外部の世界を情緒的に共有する ・視点取得 ・自分と他者では「異なった情緒的反応を起こす」ことに気がついてくる ・見たことに想像したことを加えることをおもしろく感じるようになる
【レベル5】 2歳半〜4歳頃 内面世界を共有する	・アイデアを共有する ・違いを楽しむ ・内面世界を大切にする ・思うこと、考えていることがつながりには大切なこと
【レベル6】 4歳から 他者と自己のつながり	・他者との違いがわかってくる ・グループに所属していることがアイデンティティの重要な要素になる ・仲間や友達づきあいが大切になる ・友情を大切にする

S.E. ガットステイン（2006）『RDI 対人関係発達指導法』p51-77 を参考に筆者作成

レベル4になると、2歳半頃を目途に、共同注意により自分と他者が見える世界を一緒に参照して、「情緒的反応を分かちあう」様子が見えてきます。同じものを見ていても、見え方が違うことにも気づき、同じ経験をしても、人によって見方や感じ方が違うことにも気づいてきます。また、想像力によってモノを「たとえ」ることができることにも気づいてきます。個人差はありますが、2歳頃には違う誰かになる「ふり」をすることができるようになり、その後、「ごっこ遊び」も洗練されていきます。

　レベル5の4歳頃までには、子どもは他の子どもとの思いやアイデアを組み合わせて、何かをつくり出すような経験をもつようになります。その頃になると、子どもは自分の内面世界や他者の内面世界に関心をもち始め、自分の思いや経験を他者と共有したいという思いからのコミュニケーションが見られます。他の子どもからの刺激を受け、他の子どもの気持ちや意図を読み取って、人にはそれぞれ心があり、自分と他の子どもは気持ちもアイデアも異なることを理解していきます。

　レベル6では、対人関係において、他者の行動に自分を協調させること、自分の所属する集団への帰属意識と好奇心が生まれ始めます。そして、自分は他の子どもや大人とは考え方も、見方も、好みも、思いも異なり、共有できることもできないこともあることに気づいていきます。同時に、一緒に楽しい時間を過ごした友だちとの思い出を分かちあえるようにもなってきます。

　以上のような他者との感情を共有する対人関係の発達は、子どもが出会うであろう未来の他者との関係性へとつながっていきます。

（2）言葉の発達

　言葉の発達も保育者との相互関係を豊かにします。泣き声だけではなく、生後1～2か月頃からクーイングと呼ばれる鳩の啼き声のような音が聞かれたり、母音と子音を組み合わせた「ダァダァ」のような声を繰り返したりすることがあります。何かを伝えようとして指差しの動作も認められます。1歳を過ぎると、「ブーブー」などの意味ある単語（初語）を発するようになり、それに応えてくれる保育者との情緒的つながりを促します。2歳頃までに「ブーブー、きた」などの二語文が出るようになります。こうして、子どもは周りの大人や子どもとのコミュニケーション力を育んでいきます。

　感覚もまた、子どもと保育者との相互作用により育まれます。五感（味覚、皮膚感覚、嗅覚、視覚、聴覚）は、身近にいる大人の声かけによって、言葉とそれが意味するものへの理解を促していきます。それは言葉の発達や概念形成

へとつながっていきます。

（3）運動機能

　乳児期の運動や感覚もまた、保育者との相互関係と関連しています。原始反射は新生児の意思とは関係なく生じる反射ですが、この運動は中枢神経系の発達を促し、3か月頃までに消失し自発的な随意運動が促されていきます。新生児は反射を通して自分を取り巻く環境を把握しはじめます。例として、探索反射（唇の近くを刺激するとそちらを探すように顔を向ける）、吸啜反射（口の中に乳首や指を入れると吸いつくような動作）、モロー反射（仰向けの状態で急に頭を落とすような刺激を加えると、両上下肢を開いて抱きつくような動作）、把握反射（手のひらを指で押したり物があたると握るような動作）などがあり、他にもさまざまな反射が見られます。運動機能は感覚機能とつながります。運動の発達については、第7章で詳しく説明しています。

3 「幼児期の終わりまでに育ってほしい姿」

　「幼稚園教育要領」「保育所保育指針」「幼保連携型認定こども園教育・保育要領」が2017年に改定されました。文部科学省のパンフレット[5]には、長期的な視座から、小学校へ、そして、その先の未来へと続く教育の基礎としての3つの力「知識及び技能の基礎」「思考力、判断力、表現力などの基礎」「学びに向かう力、人間性など」を「一体的」に育むことの大切さが明示されています（表1-2）。

　幼児教育の新たな指針として、幼稚園・こども園・保育所いずれに通っていても、「3歳からは同じ教育」の機能があること、「子ども主体の学びが重要」であること、そして「幼児期の終わりまでに育ってほしい姿」が示されています[5]。「幼児期の終わりまでに育ってほしい姿」は、「健康な心と体」「自立心」「協同性」「道徳性・規範意識の芽生え」「社会生活との関わり」「思考力の芽生え」「自然との関わり・生命尊重」「数量や図形、標識や文字などへの関心・感覚」「言葉による伝え合い」「豊かな感性と表現」です[5]。この10の姿は、幼児期の達成目標ではなく、一人一人の発達に留意しながら実践され、小学校につなぐ教育の道しるべです。

幼稚園から高校の学校教育を通して育む力

幼稚園ではその基礎を育成

・**知識及び技能の基礎**
豊かな体験を通じて、感じたり、気付いたり、分かったり、できるようになったりする。

・**思考力、判断力、表現力などの基礎**
気付いたことや、できるようになったことなどを使い、考えたり、試したり、工夫したり、表現したりする。

・**学びに向かう力、人間性など**
心情、意欲、態度が育つ中で、よりよい生活を営もうとする。

※遊びを通して三つの力を一体的に育みます。

幼稚園での生活を通して

幼児期の終わりまでに育ってほしい姿

●**健康な心と体**…自ら健康で安全な生活をつくり出すようになる。

●**自立心**…自分の力でやり遂げる体験などを通じて自信をもって行動するようになる。

●**協同性**…友達と一緒に目的の実現に向けて考えたり協力したりするようになる。

●**道徳性・規範意識の芽生え**…
よいことや悪いことが分かり、相手の立場に立って行動するようになる。きまりを守ったりするようになる。

●**社会生活との関わり**…
家族を大切にしたり、身近な人と触れ合って地域に親しみをもつようになる。遊びや生活に必要な情報を役立てて活動したり、公共施設を利用して、社会とのつながりを意識するようになる。

●**思考力の芽生え**…
身近な事象から物の性質などを感じ取ったり、予想したりして、多様な関わりを楽しむようになる。

●**自然との関わり・生命尊重**…
自然への愛情や畏敬の念をもつようになる。生命の不思議さなどに気付き、動植物を大切にするようになる。

●**数量や図形、標識や文字などへの関心・感覚**…
遊びや生活の中で、数量や図形、標識や文字などに親しんだりして、興味や関心、感覚をもつようになる。

●**言葉による伝え合い**…
経験したことなどを言葉で伝えたり、話を聞いたりして、伝え合いを楽しむようになる。

●**豊かな感性と表現**…
心動かす出来事に触れ、感じたことを表現して、表現する喜びを味わい、意欲をもつようになる。

※これらは到達目標ではなく、一人一人の発達に応じて育っていきます。
また、それぞれの姿の一部のみを記載していますので、詳しくは以下をご覧ください。
https://www.mext.go.jp/a_menu/shotou/youchien/index.htm

図 1-2　幼稚園から高校の学校教育を通して育む力

出典：文部科学省「一人一人のよさを未来へつなぐ－学校教育のはじまりとしての幼稚園教育」[5]

表 1-5　汐見による「幼児期の終わりまでに育ってほしい姿」の分類

＜体を使う力＞

「健康な心と体」「自然との関わり・生命尊重」「豊かな感性と表現」を含みます。体をうまく使うことや手先が器用になるなど、さまざまな技術を覚えていくこと。五感で感じとる感性。運動にとどまらず、自然や生命を感じることも、体を使う力の一つです。

＜考える力（頭を使う力）＞

「思考力の芽生え」「数量や図形、標識や文字などへの関心・感覚」を含みます。子ども自身が試行錯誤しながらじっくり考えることで、考える力は育ちます。数や文字を、ただ覚えるのではなく、まずは興味をもって、必要だと思うことが、学びの基本になります。

＜人と関わる力＞

「協同性」「道徳性・規範意識の芽生え」「社会生活との関わり」「言葉による伝え合い」を含みます。人と直接関わって力を合わせること、よい関係をつくるためにルールを守るなど、対人関係の基本を幼児期に育てていくことが大事です。

NHK「幼児期の終わりまでに育ってほしい姿～今、幼児教育が変わろうとしている～」より抜粋

　汐見稔幸は、「幼児期の終わりまでに育ってほしい姿」である10の姿を、「3つのジャンル」に分類して説明しています（**表1-5**）[6]。

　そして汐見は、体を使う力、考える力、人と関わる力の「3つを支えるために大切なのが『自立心』です。主体的に『やりたい』と思う気持ちが、さまざまな力を身に付ける土台になっていくのです」と述べています[6]。

　図1-2に示されている幼児教育における3つの力とは、「知識及び技能の基礎」「思考力、判断力、表現力のなどの基礎」、そして「学びに向かう力、人間性など」です。この3つは、「学校教育全体」からみると、それぞれ、「実際の社会や生活で生きて働く知識及び技能」「未知の状況にも対応できる思考力、判断力、表現力など」、そして「学んだことを人生や社会に活かそうとする学びに向かう力、人間性など」で、2007（平成19）年の学校教育法改正のときに学力の重要な要素として示されました[6]。

　すなわち、「幼児期の終わりまでに育ってほしい姿」は、子どもが主体的に、遊びという学びの場で、五感や心身を用いて、他者や自然、まわりのモノに対して関心をもち、考え、工夫し、そして、他の子どもや大人との関係性を集団の場で育んでいくための一つの道しるべです。文部科学省「平成28年3月30日 教育課程部会幼児教育部会 資料6」に、10の姿の「再整理イメージ」が示されています。「幼児と健康」に関わる姿の中から、「自立心」（**表1-6**）、「協同性」（**表1-7**）、「道徳性・規範意識の芽生え」（**表1-8**）を取り上げます[7]。

表 1-6 「幼児期の終わりまでに育ってほしい姿」「自立心」

自立心：
自分の力で行うために思いを巡らし、自分でしなければならないことを自覚して行い、諦めずにやり遂げることで満足感や達成感を味わいながら、自信を持って行動するようになる。
先生や友達と共に生活をつくり出す喜びを見出し、自分の力で行うために思い巡らしたりなどして自分でしなければならないことは自覚して行うようになる。
活動を楽しむ中で、自分のことは自分で考えて行い、自分でできないことは実現できるように工夫したり、先生や友達の助けを借りたりしてくじけずに自分でやり抜くようになる。
自分から環境に関わりいろいろな活動や遊びを生み出す中で出会う難しいことでも自分なりに考えたり工夫したりして、諦めず自分の力で解決しやり遂げ、満足感や達成感を味わい自らの生活を確立するようになる。
家族、友達、先生、地域の人々などと親しみ合い、幼児なりに支え合う経験を積み重ね、自分の感情や意志を表現し共感しながら、自分のよさや特徴に気付き自信を持って行動するようになる。

文部科学省「幼児期の終わりまでに育ってほしい姿」（再整理イメージ）より抜粋

表 1-7 「幼児期の終わりまでに育ってほしい姿」「協同性」

協同性：
友達との関わりを通じて、互いの思いや考えなどを共有し、実現に向けて、工夫したり、協力したりする充実感を味わいながらやり遂げるようになる。
友達と積極的に関わり様々な出来事を共有しながら多様な感情の交流を通して、友達の異なる思いや考えなどに気付いたり、自己の存在感を感じたりしながら行動するようになる。
幼児同士の関わりが深まる中で互いの思いや考えに気付き、分かるように伝えたり、相手の気持ちを理解して自分の思いの表し方を考えたり、我慢したり、気持ちを切り替えたりなどしながら互いに関心を寄せ、分かり合えるようになる。
友達との関わりを通して互いの感じ方や考え方などに気付き、互いのよさが分かり、それに応じた関わりを通して、学級全体などで楽しみながら一緒に遊びを進めていくようになる。
人と共にいる喜びを感じ、学級皆で目的や願いを共有し志向する中で、話し合ったり、取りなしたり、皆の考え方をまとめたり、自分の役割を考えて行動したりするなどして折り合いを付け問題の解決・実現に向け個々のよさを発揮し工夫したり、協力したりする楽しさや充実感を味わいながらやり遂げるようになる。

文部科学省「幼児期の終わりまでに育ってほしい姿」（再整理イメージ）より抜粋

表 1-8　「幼児期の終わりまでに育ってほしい姿」「道徳性・規範意識の芽生え」

道徳性・規範意識の芽生え： 　よいことや悪いことが分かり、相手の立場に立って行動するようになり、自分の気持ちを調整し、友達と折り合いを付けながら、決まりの大切さが分かり守るようになる。
他の幼児との様々な葛藤などの体験を重ねてよいこと悪いことが分かり、自分で考えようとする気持ちを持ち、思い巡らしたりなどして自分の考えをより適切にしながら行動するようになる。
友達などの気持ちを理解したり共感したり、相手の立場から自分の行動を振り返ったりして、思いやりを持って関わり相手の気持ちを大切に考えながら行動するようになる。
学級の皆と心地よく過ごしたり、より遊びを楽しくしたりするために決まりのあることが分かり、守ったり、必要に応じて作り替えたり、新たに作ったりして考え工夫し守るようになる。
皆で使う物が分かり愛着を持ち、自他の要求に折り合いを付け大事に扱うようになる。
自分の気持ちを調整しながら、友達と折り合いを付けたり、取りなしたり取り持ったりして周囲との関わりを深め、決まりを守るようになる。

文部科学省「幼児期の終わりまでに育ってほしい姿」（再整理イメージ）より抜粋

　乳幼児期には、運動・言葉・精神面（情動、認知、社会性）での発達段階に応じて、子どもの新しい世界が広がっていき、取り巻く環境の中にあるモノや考え方についての概念を少しずつ形成し、子どもが暮らす社会の文化（ルールや慣習など）を身に付けていきます。子どもの発達段階に応じて、発達を促し支える多角的な対人関係を形成することに意識を向けることは重要です。乳幼児期において、「幼児期の終わりまでに育ってほしい姿」は、健やかに長い人生を歩んでいく、子どもの未来そして学びの道標となります。

4　健康に影響を及ぼす課題

（1）子どもを取り巻く現状と健康課題

　国民の健康づくり運動として、2000 年に「健康日本 21（21 世紀における国民健康づくり運動）」が、翌年には「健やか親子 21」が提唱されました。母子保健の取り組みとして、子どもが健やかに育てられ成長していくことができるように、継続する支援を社会全体ですすめていく計画であり運動です。2015年から「健やか親子 21（第 2 次）」がスタートしています。

　厚生労働省は、子どもと親が健やかに生きるための社会状況と健康課題として、核家族化・小家族化、育児の不安や孤立、子どもの発達課題（障害を含む）、

児童虐待、子どもの貧困、健康格差などに留意しています。第2次計画では、日本のどこに住んでいても、どのような家庭環境にあっても、すべての子どもが平等に保健サービスを受けることができるように、現状に対する「3つの基盤課題」と重点的取り組みとして「2つの重点課題」を示しています（図1-3）[8]。

「3つの基盤課題」の中の基盤Cでは、ここで暮らし、子どもを育てていきたいと思えるような、「子どもの健やかな成長」と「子育て世代の親」を支えることができるように、公的なサービスとともに地域での社会資源を活用した公助、共助が連携したサポートをつくり出していく地域づくりが課題です[8]。

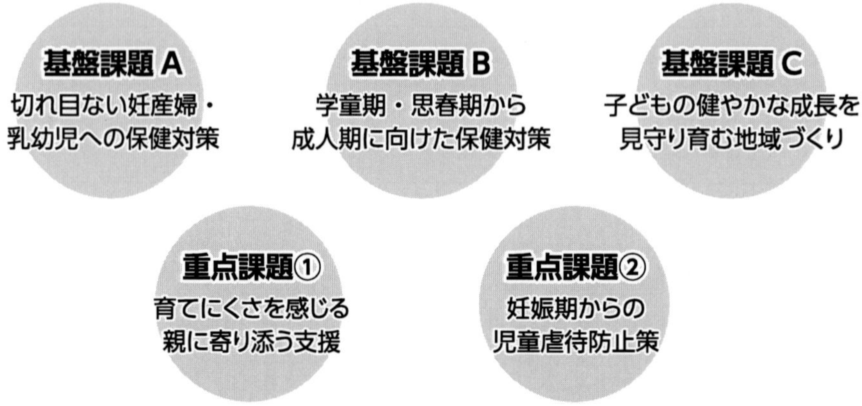

基盤課題A
切れ目ない妊産婦・
乳幼児への保健対策

基盤課題B
学童期・思春期から
成人期に向けた保健対策

基盤課題C
子どもの健やかな成長を
見守り育む地域づくり

重点課題①
育てにくさを感じる
親に寄り添う支援

重点課題②
妊娠期からの
児童虐待防止策

図 1-3 「3つの基盤課題」と「2つの重点課題」
厚生労働省「健やか親子21ホームページ」より抜粋

重点課題①は「育てにくさを感じる親に寄り添う支援」であり、その目標は、「親や子どもの多様性を尊重しそれを支える社会の構築」です。親が感じる子育ての困難さには、「子どもの要因、親の要因、親子関係に関する要因、支援状況を含めた環境に関する要因など様々な要素」があります。最近、発達障害などによる子どもの「育てにくさ」に対しても注目されています（第4章参照）。このような課題に対して、専門的な視点から早期に気づき、観察し、知識と技術をもって子どもに必要な支援と適切な指導を提供するための支援体制を整備していくことや、親に寄り添った支援を構築していくことが重要な課題です[8]。

重点課題②は児童虐待の予防です。その目標は「児童虐待のない社会の構築」です。妊娠期から取り組み、早期気づき、早期支援を実施できるように、新生児期からの保健と医療・福祉など関係機関の連携も不可欠です[8]。

（2）児童虐待

　児童虐待は、子どもの心身に苦しみをもたらすことであり、ネグレクトによっ
て子どもの基本的欲求を奪うことを意味します。不適切な養育という意味で
はマルトリートメント等と表されます。日本の「児童虐待の防止等に関する法
律」（2000 年）において児童虐待とは、「児童（18 歳未満）に対する保護者の
身体的虐待、性的虐待、ネグレクト、心理的虐待に関わる行為」を意味してお
り、アメリカ精神医学会が刊行した「精神疾患の診断・統計マニュアル第 5 版
（DSM-5）」では、Child Maltreatment and Neglect Problems、すなわち子ども
に対するマルトリートメントとネグレクトの問題として、身体的虐待、性的虐
待、ネグレクト、心理的虐待に分類されています。

　加害者は実親が多く（Column ①参照）、2013 年改定の厚生労働省「子ども
虐待対応の手引き」では、リスク要因を、①親側には、被虐待経験者に対する
適切なサポートのなさ、精神的問題、育児不安、望まぬ妊娠や子どもへの過度
の要求等、②子ども側には、乳児、低出生体重児、障害児等の育てにくさ、③
養育環境として、経済的困窮と社会的孤立（地縁血縁のなさ、情報アクセス
の難しさ、DV、夫婦の不和等）を挙げています[9]。虐待の背景にある、親・
家庭の問題、そして社会の問題も注目されています。虐待の世代間伝播は約
30%（一般の 6 倍）という報告もあり、虐待予防には親支援も重要です。

　虐待は、そのときの子どもの心身の健康を脅かすだけではなく、未来にも影
響を与えていきます。学習上・行動上の問題や、否定的感情・関係性や感情の
自己調整の障害、さらに精神疾患の範疇にある問題が生じることも報告されて
います。ネグレクトでは、精神・情緒面の問題の一つとして反応性愛着障害が
あげられています。また、虐待を受けた子どもに多動や感情の自己調整の難し
さが多くみられたり[10]、自閉スペクトラム症や注意欠如・多動症等と類似した
症状が認められたりすることも臨床例から報告されています[11]。

　虐待はまた、そのときの身体への損傷や発育不良など心身への悪影響だけで
はなく、脳の機能にも作用し、子どもの未来に深刻な影響をもたらすことが示
されています 。悲しみ、怒り、絶望、不安、心の痛みを慢性的に重ねること
によるストレスは、脳の記憶や空間学習能力にかかわる海馬、記憶の中でも情
動成分に関係する部位である扁桃体、また感情・理性などをつかさどる前頭前
野などに変化が及ぶことが示されてきました[12]。子どもの思考や行動にも影響
を及ぼしているという報告もあることから、子どもを保護するだけではなく、
その後も適切な支援を継続していくことが求められています。

（3）子どもの貧困

　児童虐待のリスク要因の中に経済的理由があり、子どもからみると、虐待と貧困の両方の問題のなかにいる子どももいます。貧困もまた世代間に連鎖していく問題です。厚生労働省によると、2015 年度の日本の子どもの貧困率（相対的貧困率）は 13.9％で約 7 人に 1 人というデータが示されました（Column ②参照）。ひとり親家庭の貧困率を見ると 50.8％で 2 人に 1 人（2015 年）、貧困（親の就労、経済的理由）による児童福祉施設入所割合は、11.7％（2013 年）です。

　貧困は単に経済的困窮という問題ではなく、貧困による食事・睡眠などの生活リズムの乱れや生活習慣ならびに社会における人とのつながりにも影響が出ることがあります。その結果、意欲の低下や慢性的な疲れが見られる子どももいます。さらに教育格差（学習塾や習い事も含めて）は学力差につながる場合があり、それは、自分がなりたい仕事に就くことへの壁となり、就職の難しさにつながることもあります。貧困の問題もまた、適切な支援がなければ子どもの未来の問題となります。

　日本における子どもの貧困対策として、「子どもの貧困対策の推進に関する法律」（2013 年）が成立しました。「子どもの将来がその生まれ育った環境によって左右されることのないよう、貧困の状況にある子どもが健やかに育成される環境を整備するとともに、教育の機会均等を図るため、子どもの貧困対策を総合的に推進することを目的」としています。貧困が子どもの暮らしや未来を左右しないように、また貧困の連鎖を防ぐために、調査研究をすすめ、子どもを取り巻く環境の整備が企図され、重点施策として、教育支援、生活支援、保護者に対する就労の支援、経済的支援なども講じられています。

まとめ

　幼児の健康について、「健やかに生きること」「乳幼児期の心の健康」「幼児期の終わりまでに育ってほしい姿」「幼児の健康に影響を及ぼす課題」に着目しました。子どもたちが生活する環境はずいぶん変化しています。たとえば、核家族化・小家族化が進み、地域や日常生活の中でさまざまな人たちと多角的にかかわる機会が減少し、遊び方も生活リズムも変化しています。このようななかで、幼稚園・こども園・保育所で過ごす時間はとても大切です。子どもが心身ともに健やかに育ち、社会性を豊かに発達させるためには不可欠な存在になっています。また、いずれの施設でも共通する幼児期の教育方針は、小学校につなぐ教育の基礎としての道標です。

　また、虐待や貧困など家庭だけでは解決できない問題が、就学前施設にとっても看過できない子どもの発達課題となることがあり、家庭との連携や親支援なくしては子どもの健やかな成長を守ることができません。

　幼児期の子どもの専門家としての役割を念頭に置きながら、子どもに対する観察力と教育力を備え、子どもだけではなく、家族全体の支援者にもなれるように研鑽を積んでいくことが求められます。

（小野　尚香）

【引用・参考文献】

1)　公益社団法人日本 WHO 協会 . 世界保健機関憲章前文（日本 WHO 協会仮訳）.
　　https://www.japan-who.or.jp/commodity/kenko.html（2019 年 12 月 30 日閲覧）

2)　公益財団法人日本ユニセフ協会 .『子どもの権利条約』子どもの権利は大きく分けて4つ„『子どもの権利条約』
　　一般原則　https://www.unicef.or.jp/about_unicef/about_rig.html（2019 年 12 月 30 日閲覧）

3)　J. ボウルビィ（黒田実郎他（訳））（1976）. 母子関係の理論 I 愛着行動 1 巻 . 岩崎学術出版社 .

4)　S.E. ガットステイン（杉山登志郎他（編））（2006）. RDI 対人関係発達指導法 . クリエイツかもがわ .

5)　文部科学省初等中等教育局幼児教育課 . 一人一人のよさを未来へつなぐ−学校教育のはじまりとしての幼稚園
　　教育 .　https://www.mext.go.jp/a_menu/shotou/youchien/1422302.htm（2020 年 2 月 6 日閲覧）

6)　NHK「幼児期の終わりまでに育ってほしい姿 〜今、幼児教育が変わろうとしている〜」2019.3.2. 放送
　　http://www.nhk.or.jp/sukusuku/p2018/767.html（2019 年 12 月 30 日閲覧）

7)　文部科学省初等中等教育局幼児教育課（平成 28 年 3 月 30 日教育課程部会幼児教育部会資料6）. 幼児期
　　の終わりまでに育ってほしい姿の再整理イメージ（たたき台）
　　https://www.mext.go.jp/b_menu/shingi/chukyo/chukyo3/057/siryo/__icsFiles/afieldfile/2016/04/19/1369
　　745_05.pdf（2019 年 12 月 30 日閲覧）

8)　厚生労働省「健やか親子 21 ホームページ」http://sukoyaka21.jp/about（2019 年 12 月 30 日閲覧）

9)　厚生労働省「子ども虐待対応の手引き」　https://www.mhlw.go.jp/bunya/kodomo/dv12/00.html（2019 年
　　12 月 30 日閲覧）

10)　伊藤ゆたか他（2003）. 児童養護施設で生活する被虐待児に関する研究（2）ケア・対応の現状と課題につい
　　て . 子どもの虐待とネグレクト 5-2, p367-379. また、米国精神医学会『DSM-5　精神疾患の診断・統計マニュア
　　ル（2013）』においては、反応性愛着障害につながるものとしてネグレクトが示されている。

11)　杉山登志郎（編）（2013）. 子ども虐待への新たなケア . 学研教育出版 , p9-11.

12)　友田明美（2012）. 癒されない傷：児童虐待と傷ついていく脳 . 診断と治療社 , p57-70.

Column ①

児童虐待の実態

　最近、児童虐待により乳幼児が死亡するといった痛ましい報道を目にすることが多いと思います。**図1**は、児童相談所に寄せられた虐待相談の推移を示したものです。これによれば、虐待相談の件数は年々増加しており、その内訳を見ると、身体的虐待、ネグレクト、性的虐待は減少傾向にある一方で、心理的虐待は増加傾向にあります。平成30年度においては、心理的虐待は身体的虐待のおよそ2.2倍となっています。

　図2は、平成28年度に児童相談所に寄せられた虐待相談における虐待者の割合を示したものです。これによれば、虐待者で一番多いのは実母（48.5％）であり、次いで実父（38.9％）となっています。また、虐待を受けた子どもの年齢構成では乳幼児の割合が全体の43.5％を占めています（**図3**）。　　　　　　　　　　　　　　（中村　康則）

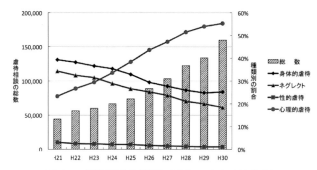

図1　虐待相談の推移（平成30年度は速報値）

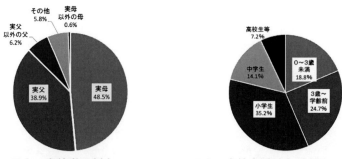

図2　虐待者の割合　　　**図3　虐待を受けた子どもの年齢構成**

図2・図3　出典：厚生労働省（2018）市町村・都道府県における子ども家庭相談支援体制の整備に関する取り組み状況について

Column ②

日本における子ども貧困の近況と主観的生活感

　このコラムでは、17歳以下の子どもの貧困率と、主観的生活感についての最近の傾向をみていきます。

　図は、子どもの貧困率と子どものいる世帯の平均所得金額の推移を示したものです。平成27年度の子どもの貧困率は13.9%であり、前回調査の平成24年度の16.3%に比べ2.4ポイント改善しています。これは、景気回復による所得環境の改善により、子どものいる世帯の所得金額が増加傾向に転じたことが寄与しているといわれています。しかし、日本の子ども貧困率は依然としてOECD加盟国の平均を上回る水準であり、内閣府が示す『平成26年度　子ども・若者白書』によれば、子ども7人に1人が相対貧困に陥っている状況です。

　つぎに、子どものいる世帯の主観的生活感（苦しさ・ゆとりさ）の傾向もみてみましょう。厚生労働省が実施した国民生活基本調査によれば、子どものいる世帯の生活意識の状況において、「大変苦しい・やや苦しい」と回答した世帯の割合は、平成24年度の65.3%から平成27年度は63.6%に減少し、貧困率と同様に改善傾向がみられます。

（周　景龍）

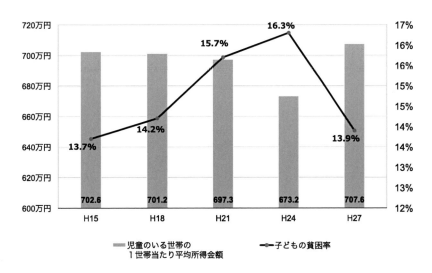

図　子どもの貧困率および児童のいる世帯の平均所得推移

出典：厚生労働省（2004 ～ 2016）国民生活基礎調査

Column ③
スクールカウンセラー（幼稚園）として 留意する幼児の「こころ」

　幼児期は自己形成にとって大切な時期です。子どもたちは、家庭、園や学校、地域社会で、他者とかかわりながら自己形成していきます。過去の経験や周囲の人とのかかわりから、無自覚的あるいは自覚的に自分の判断基準や価値基準（モノサシ）を取り込んでいきます。子どもが転んだとき、大人は、「大丈夫。大丈夫。もう泣かないよ」であったり、「走ったから転んだんだよ。次は転ばないように気をつけようね」であったり、なにげなく子どもに声をかけます。大人の声かけから、子どもが、"泣かないこと""失敗しないこと"というモノサシを無意識のうちに取り込んでいる可能性があるかもしれないことを大人はほとんど意識していません。もし、子どもがそのようなモノサシに縛られれば、つらいことや悲しいことが起こったときでも泣くことは難しく、失敗を失敗として認めることができなくなることもあるのです。大人が自分のモノサシを自覚し、「自分のモノサシに当てはめて子どもを見ていないだろうか？　自分のモノサシを押し付けていないだろうか？」と意識を向けることも大切です。子どもは大人のモノサシによる評価を敏感に感じています。

　感情は、思考の土台となる大切な心の動きです。感情をありのままに表現する子ども、感情を表に出さない子ども、すべてを怒りの感情で表現する子ども、感情を無意識に押さえ込んで、自分の感情にさえ気づかない子どもなど、感情の表現の仕方は実にさまざまです。子どもの心を育てるためには、子どもたちが自分の感情を安心して表出できる環境が大切です。子どもにとって、その得体の知れない不快な感情や不安を具体的な日常の言葉で言い表し、その感情はもってもよいものだと教えてくれる人の存在や、ありのままの自分を評価せずに温かく包んでくれる人の存在は欠かせません。心を育てるためには、私たち大人の力が必要なのです。子どもは、不快な感情を安心して表出できると、気持ちが落ち着きます。そして、その奥にある自分の問題に気づくことができるのです。不安な気持ちは、新しい可能性が開かれようとしているサインです。子どもの感じている世界を子どもと共に味わい、喜びや、悲しみや怒りを共有し、経験を共に重ね、一緒に困難な状況を解決しようと子どもに問いかけ、側で見守ることが大人の役割です。

　子どもはまた、遊びの中で、意見が衝突したり、失敗したりすることを幾度となく体験し、叩かれたときの悔しさや、わかってもらえない悲しさや、相手を泣かせてしまっ

た罪悪感を抱きます。集団の中でしか感じることができない体験です。この感情の行き違いや、葛藤を積み重ねる体験こそが、子ども自身が自分で考え、選び、行動して"育つチャンス"となるのです。

　社会の中で生きていくには、自分とちがう他者とのかかわりなくしては生きていくことはできません。自分の感覚と同じものには安心しますが、ちがうものや知らないことに対しては落ち着かなくなり、脅威を覚えます。相手とわかりあうことをあきらめて、できるだけかかわりたくないという気持ちに変わっていきます。子どもたちは、ひとりでは他者とのちがいに向きあう勇気はもてません。自分のすべてが受けとめられ、安心に包まれている実感をもつからこそ、不安やちがいに向きあっていく勇気が生まれるのです。

　子どもは、大人から愛され、認められたいと願っています。子どもにとって、自分自身の存在価値を確認できる唯一の方法だからです。自分のすべてをそのまま受けとめることができたときに、本当の意味で安らぐことができます。自分の気持ちを表現し、それを受けとめてもらうだけで癒やされ、人とつながれるのです。そのとき、子ども自ら、他者の気持ちに思いを馳せ、相手をありのままに認め、自分も他者も共に活かす新しい発想を生み出していきます。他者との本当の心の交流が生まれるのです。大切にされることで、はじめて他者の大切さを知るのです。共感だけが"受けとめ"ではありません。謙虚に広い心で相手の気持ちを否定せずに聴くということが"受けとめ"なのです。対等に向きあい、子どもの思いを丁寧にすくい"言葉"にして、こちらの思いを温かい"言葉"で包んで手渡すのです。子どもの思いをわかりたい、こちらの思いを伝えたいと思うとき"言葉"は大切なコミュニケーションツールとなります。表情や声のトーン、ジェスチャー、視線など、ノンバーバルなコミュニケーションも言葉以上にその役割を果たします。かかわる人の包み込む愛情は、しっかりと子どもに伝わります。

　子どもたちが、自信をもって自分らしく生きていくには、支え、見守り、無条件で受けとめてくれる人の役割は大きいのです。傍らで待ち続け寄り添ってくれる人、子どもの力を信じて勇気づけてくれる人の存在は、子どもにとっても保護者にとっても心強い存在です。

（出来　麻有子）

第2章

身体の諸機能の発達

本章の目標

・発達と成長の違いを理解する
・身体の諸機能の発達を理解する
・幼児期とその他の時期の発達特性の違いを理解する

1 生物としての人間の成り立ち

　私たち人間は、哺乳動物に属する動物です。今では当たり前のことですが、かつては人間だけはほかの生物と違った来歴をもっていると考えられていました。その理由は、人間にはほかの動物にはない、「優れた」特質があると信じられていたからです。ほかの動物には見られない人間の特質とは、言葉を使うこと、道具を使うこと、そして立位歩行をすることです。こうした特質から、人間は神が自分に似せてつくられた、と昔の人は考えたのです。

　現代ではそうした考え方をする人は少なくなりましたが、全くいなくなったわけではありません。人間が神の手によって特別に作られたという考え方に科学的に終止符を打ったのが、19世紀に「種の起源」や「人間の由来」といった本によって進化論を打ち出したイギリスのチャールズ・ダーウィンでした。現代でも宗教的な立場から、人間だけは他の動物とは違うのだ、という考え方をする人々は存在しますが、本稿では進化論をめぐる議論については触れません。

　さて、人間がその能力の優劣は別として、他の動物と基本的には変わらないということは、次の2つことを意味しています。1つ目は、人間のさまざまな能力は、進化の過程を経て獲得されてきたということです。人間の遺伝子には進化の過程が刻まれていますが、それが人間の能力に反映されているというこ

とです。2つ目は、人間の身体や能力には、他の動物との間に多くの相違点を
もっているということです。動物を研究することで、人間の身体や能力につい
ての、有用な知見がえられるのはそのためです。

2 身体の発育

（1）発達と成長

　小児保健では、「発達」「成長」「発育」といった言葉が、同じような意味
で使用されますが、厳密には意味が違います。本節の題目である身体発育
は、成長という言葉に置き換えることが可能です。成長は英語では growth
となり、主にサイズが大きくなることに使用します。一方、発達は英語では
development で、大きさではなく機能が上昇することを示します。発育は成長
に近い意味をもった言葉です。

　「成長」するものの例としては、身長や体重、頭囲、骨格、臓器の大きさ、
体毛（髪の毛）があり、「発達」するものとしては、言語能力、運動能力を含
む臓器の機能、視力、聴力、情緒、社会性などがあります。

（2）身長と体重

　身体発育の中で最も重要な指標は、身長と体重です。乳幼児期健康診査では、
身長、体重とともに、頭囲と胸囲も測定します。頭囲は脳の発達に関連のある
重要な指標ですが、胸囲については現在ではその測定の意味はあまりありませ
ん。ちなみにアメリカでは、発達健診（well baby check-up）において胸囲の
測定は行いません。

　身長、体重の標準値を、多数の健常小児の測定に基づいて示したものが身長・
体重発達曲線です。身長や体重は子どもの人種や性によって大きな相違がある
ので、多くの国ではその国の子どもの標準曲線を男女別に作成しています。**図
2-1** に示したのは、日本の男女別の成長曲線です。身長や体重は年代によって
変化しますので、国が責任をもって定期的に改訂しています。世代が新しくな
るにしたがって、身長も体重も少しずつ大きくなってきています。

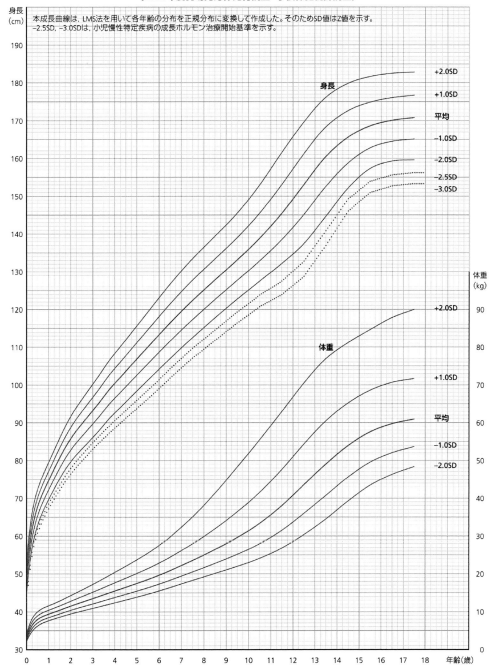

図2-1（a）　成長曲線（男子）

出典：日本小児内分泌学会ホームページ[1]

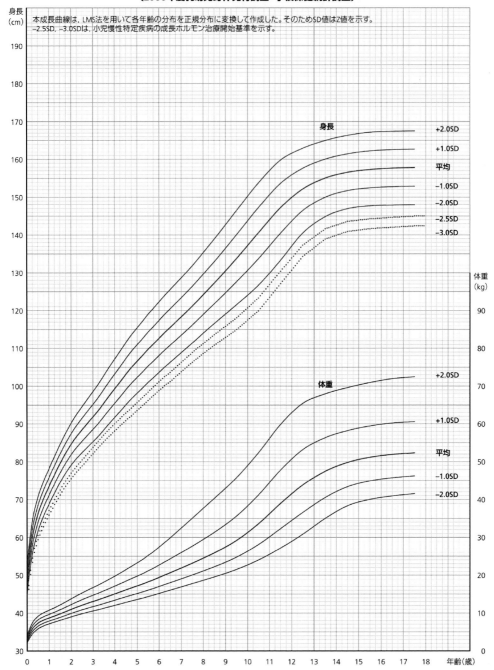

横断的標準身長・体重曲線（0-18歳）　女子（SD表示）
（2000年度乳幼児身体発育調査・学校保健統計調査）

本成長曲線は，LMS法を用いて各年齢の分布を正規分布に変換して作成した。そのためSD値はZ値を示す。
−2.5SD，−3.0SDは，小児慢性特定疾病の成長ホルモン治療開始基準を示す。

著作権：一般社団法人 日本小児内分泌学会，著者：加藤則子，磯島豪，村田光範 他：Clin Pediatr Endocrinol 25：71-76, 2016

図 2-1（b）　成長曲線（女子）

出典：日本小児内分泌学会ホームページ[1]

　人の成長曲線にはいくつかの特徴があります。第一に男女で大きく異なることです。男女差は出生時からあります。**表 2-1** は、1951 年から 2016 年まで、日本の男女別の出生時平均体重（kg）を示したものです。

表 2-1　日本人出生時平均体重の年次推移　(kg)

	1951	1960	1970	1980	1990	2000	2005	2010	2016
男児	3.14	3.14	3.22	3.23	3.16	3.07	3.05	3.04	3.05
女児	3.06	3.06	3.13	3.14	3.08	2.99	2.96	2.96	2.96

出典：厚生労働省「人口動態統計」[2]

　表 2-1 からわかることは、出生時平均体重は世代とともに重くなるのではなく、近年はむしろ軽くなってきているということです。これは低出生体重児の割合が大きくなってきたことが主な原因と考えられます。1951 年では出生時平均体重が 2,500g 以下の新生児は男女平均して 7.3%であったのに対して、2008 年では 9.6%に増加していることからも推し量れます。

　成長曲線から読み取れることは他にもたくさんあります。まず身長も体重も、直線状に増加するのではなく、緩やかな S 字曲線を描いていることです。身長の成長曲線を見てみましょう。出生時からしばらく急激に増加し、幼児期から思春期の前までしばらく傾きがなだらかになりますが、思春期に再び急激な伸びを示したのち、緩やかに増加が停止します。体重は身長ほど顕著ではありませんが、同様の変化を示します。

　成長曲線の傾き（身長増加率）の年次変化を示したのが**図 2-2** です。思春期は身長増加の目覚ましい時期ですが、乳児期の身長増加は思春期をはるかにしのいでいます。乳児期（出生から満 1 歳）の身長増加は約 25cm で、**図 2- 2** ではスケールアウトするため省略しています。**図 2-2** には 2 つの曲線が描かれていますが、これは男女で増加率が大きく異なるからです。点線は女子ですが、思春期が男子より約 2 年早いことと、増加量の最大値が男児より少ないことがわかります。

　身長や体重の増加が直線状でないということは、成長曲線を見れば一目瞭然ですが、子育て中の保護者はこのことに気づいていないことがよくあります。成長曲線からは、生後 4 か月くらいから、身長や体重増加のスピード（増加率）が一旦減少することは明らかです。しかし、この時期の乳児健診で「最近体重（身長）が増えない（伸びない）」という質問や相談を受けることが多いのです。生後数か月間の体重の増加の速度を 4 か月以降にも期待してしまう保護者に対

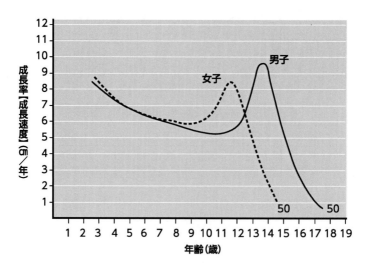

図2-2　年間の身長増加率

出典：Tanner 他（1985）を一部改変[3]

して、子育て支援を行う立場から保育士はきちんとしたデータに基づいた情報を提供することが期待されます。

　成長曲線は、多数の定型（健常）発達の実測データからつくられたものであり、平均値だけでなく、上下に２本それぞれ標準偏差（Standard Deviation：SD）（±１，２標準偏差）分の幅が示されています（**図2-1**）。標準偏差は統計的な数値で、測定値（身長、体重）の広がりを示す指標です。平均値の上下１標準偏差の中には、すべての子どもの測定値（身長、体重）の68.3％が入ります。上下２標準偏差（上下２本目の線の間）には95.4％が入ります。発達曲線の上下２本の線で挟まれた範囲を超えると（特に下の２本目の線より下になると）、体重が足りない、あるいは低身長であると心配になりますが、100人のうち５人は、この上下２本線で囲まれた範囲の外の身長や体重の測定値を示すことになります。しかし、上下２本線の外になったからといって、すぐに「医学的な」低身長や低体重と判定されるわけではありません。医学的に低身長、低体重と「診断」するためにはさらに厳密に、上下３標準偏差の範囲を超える必要があります（本章（5）1）参照）。

　成長は直線状ではないことは理解されたと思いますが、実際の子どもの成長を判断するうえで重要なことがまだあります。それは個人差です。身長や体重は遺伝的な因子の影響を受けるために、両親の身長や体重（体型）によって個人差が大きくあらわれます。

　両親が小柄な人であれば、子どもも小柄になり、逆に大柄であれば大柄にな

ります。また思春期の身長増加（スパート）の時期にも個人差があり、思春期が遅い子どもは大柄になる傾向があります。

（3）頭囲

　頭囲は、額と後頭部の最も突き出したところで頭の周囲を測定した値です。ヒトの頭の大きさは、脳の大きさによって決まります。脳の大きさが増大するとそれが頭蓋骨の内側の圧力を上昇させ、それが頭蓋骨を少しずつ押し広げて頭囲が増大します。ヒトの脳の容量（体積）は、4〜5歳でほぼ成人並みの1,200〜1,400ccになります。つまり頭囲はほぼ4〜5歳で成人並みまで成長します。脳の容量とその機能（知能指数など）は、上記の正常範囲の間では相関はありませんが、範囲を大幅に超えると脳機能低下（知的障害など）や神経症状（けいれん、まひ）などを伴いやすくなります。

　頭囲の成長曲線を**図2-3**に示します。身長や体重の成長曲線と異なりS字状ではなく、4〜5歳になるとその成長速度が減少し始めることがわかります。子どもと大人の体型（プロポーション）は大きく異なりますが、そのなかで最も顕著なのが、胴体や手足と頭の大きさの比率です。頭囲が4〜5歳ですでに成人の値に近づくのに対し、身長は思春期で急激に増大することを考えれば、プロポーションが異なる理由がわかります。

（4）胸囲、座高

　すでに述べたように、胸囲測定は保健医学的にはほとんど意味がありません。また座高の測定も同様です。保健医学的な目的はなく、体格の調査を行うための測定といってよいでしょう。

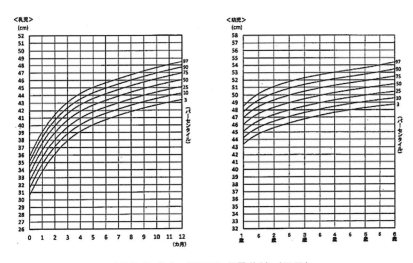

図2-3（a）　頭囲の成長曲線（男子）
出典：厚生労働省「平成22年乳幼児身体発育調査報告書」[4]

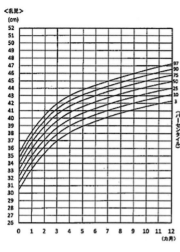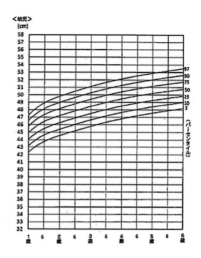

図 2-3 (b) 頭囲の成長曲線（女子）

出典：厚生労働省「平成 22 年乳幼児身体発育調査報告書」[4]

（5）身長、体重、頭囲の異常値

身長、体重、頭囲が、±２標準偏差の間に入っていれば問題はありませんが、その範囲を逸脱した値を示した場合には何を考えればよいのでしょうか。

1）低身長

身長がマイナス２標準偏差以内の低身長の子どもの多くは、家族性低身長（両親が小柄）を考えます。体重と異なり、低栄養（栄養失調）が原因で低身長となるとことはまずありません。

マイナス３標準偏差以下の身長の場合に、最初に考えなくてはならないのが、脳下垂体機能低下（成長ホルモン分泌不全）による低身長です。確定診断のために下垂体機能検査（成長ホルモンなど）が必要となりますので、医療機関に紹介します。

まれですが、虐待の一類型である極端なネグレクトが低身長の原因になることがあります。ネグレクトされた子どもは、睡眠時の成長ホルモン分泌が不十分なことが、原因であるとされています。家庭での養育環境の聞き取りなどを行い、適切な支援を行うことが必要になります。

2）高身長

高身長の大部分は家族性（両親が大柄）です。まれですが、脳下垂体の良性腫瘍などによる成長ホルモン分泌過剰（巨人症）が高身長の原因である場合があります。

3）低体重

「低体重イコールやせ」ではありません。たとえば、体重が成長曲線のマイ

ナス2標準偏差の線上にある子どもの場合、同じく身長がマイナス2標準偏差上にあれば小柄（プロポーションは正常）ではあってもやせによる低体重ではありません。逆に身長が高く、＋2標準偏差上にある子どもの場合、体重がマイナス1標準偏差の値であれば、体重としては正常範囲ですが、この子どもはやせ気味と判断されます。正確にはやせ（肥満）の判定は、BMI（Body Mass Index）などの指標によって行います。

　低体重の原因は、栄養不良や慢性疾患（先天性心疾患など）が原因になります。栄養摂取量（ミルク、食餌）を確認し、不十分であれば親に対して栄養について助言を行います。

4）肥満

　食育の一つの目的は、いまや国民病ともいうべき肥満や糖尿病の予防です。小児期の肥満は、かつては成人の肥満とは関連がないと考えられてきましたが、現在では、小児期の肥満は成人の肥満につながることが明らかになっています。前項で触れたように、肥満の判定は、体重と身長のバランスを示す指標であるBMIを使用します。BMIの計算方法とその標準値を**図2-4**に示します（パーセンタイル表示ですが、97パーセンタイルの線は、それより下に100人中97人の人が含まれることを表します）。

$$BMI＝体重（kg）／身長（m）^2$$

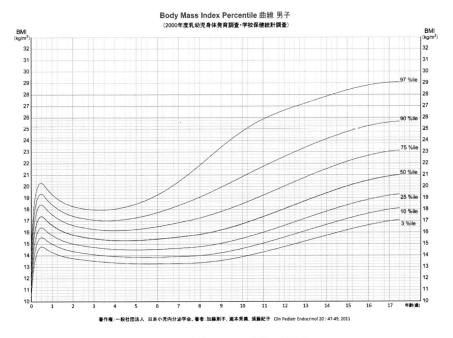

図2-4（a）　BMI曲線（男子）

出典：日本小児内分泌学会ホームページ[1]

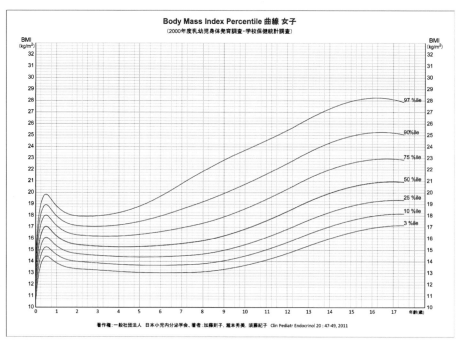

図 2- 4（b） BMI 曲線（女子）

出典：日本小児内分泌学会ホームページ[1]

5）小頭症

　小頭症の原因は多様ですが、生まれつき（生得的、先天性）のものと後天性のものに大別されます。先天性の小頭症はさまざまな遺伝性の神経疾患、胎内感染症（風疹、サイトメガロウイルス、ブラジルで流行したジカ熱など）が原因となりますが、原因が特定できないものもあります。後天性の小頭症は、髄膜炎や脳炎の後遺症、頭蓋内出血、狭頭症（頭蓋骨の癒合が早期に起こる病気）などが原因となります。

6）頭囲拡大

　正常範囲以上に頭囲が拡大する状態です。頭囲は遺伝性（家族性）がありますので、頭囲が大きい子どもをみたときには、両親の頭囲を確認することが前提になります（家族性大頭症と呼びます）。病的な頭囲拡大の代表は、水頭症です。脳の表面と、内部の脳室という空間は脳脊髄液という液体で満たされています。何らかの理由で増加すると、頭蓋内の圧力が高まり、その影響で頭囲が拡大します。胎児期から始まる先天性の水頭症もありますが、大部分は髄膜炎や頭蓋内出血の後遺症として、脳脊髄液がたまることが原因です。脳外科的な手術による治療が必要になります。

3 幼児期の身体の発達の特徴

　成長はサイズが大きくなることを示しているのに対し、発達は機能が向上することを示すことはすでに説明しました。身体にはさまざまな機能がありますが、ここでは後述する「運動機能」と「精神機能」以外の身体機能の発達について取り上げます。

　生理的機能といっても、身体には多様な機能があり、うまく整理しないと理解が困難です。ここでは、一番わかりやすいシステム（系）別に生理機能発達を説明します。身体のシステムについて**表2-2**にまとめました。

表2-2　身体システム

システム名	所属する臓器・組織	働き（機能）
神経系	脳、脊髄、末梢神経	運動・感覚の中枢、意識、判断など
循環器系	心臓、血管	血液の循環
呼吸器系	気管・気管支、肺	ガス交換（酸素取り込み、CO_2排泄）
消化器系	胃腸、肝臓、膵臓	嚥下、消化、栄養素吸収
血液・免疫系	骨髄、リンパ節、血球	血球産生、酸素運搬、免疫機能
腎・泌尿器系	腎臓、膀胱	血液浄化、老廃物排泄
内分泌系	脳下垂体、甲状腺、性腺など	ホルモン産生
感覚器系	目、耳、鼻、舌、皮膚	感覚情報
骨格・筋系	骨、骨格筋	運動、身体支持

（1）神経系の機能発達

　広義には精神機能も神経系の機能に含まれますが、精神機能は学習や経験の蓄積などの外的な刺激と神経機能との複雑な相互関係の中で発達してゆきますので、ここではそうした相互作用を可能にする脳や末梢神経を形づくる神経細胞の機能の発達について述べます。

　脳や脊髄、末梢神経などの神経系を構成している細胞は2種類あります。一つは神経細胞（ニューロン）で、私たちの神経活動（精神活動も含みます）を担う主体です。もう一つがグリア細胞です。グリア細胞は神経細胞の周りにあって、神経細胞の活動（電気的活動）を支えたり、ミエリンと呼ばれる神経細胞の突起（軸策）を絶縁して電気的な情報がより速く伝わるようにする仕組みをつくり上げたりする作用があります。

　神経細胞はお互いに電気的な情報をやり取りして複雑なネットワークをつくっていますが、そのネットワークの情報伝達こそが私たちの神経機能（運動、

認知、言語など）の基礎になっているのです。ネットワークの機能を左右するのが、上記のミエリンという絶縁体の発達と、神経細胞同士が情報をやり取りする部分であるシナプス数と機能です。生まれたばかりの新生児ではミエリンがまだ十分にできていません。そして、生まれてから約１年の間に大部分のミエリンが完成します。ミエリンが完成すると、その部分の電気的情報の伝達速度が速くなります。ちなみに新生児の伝達速度は20m/秒ですが、成人になると50〜70m／秒（時速200km）にもなります。ほぼ成人並みの伝達速度になるのは４〜５歳です。身体のバランスなどをつかさどる小脳の働きの発達などとともに、子どもの運動能力が成人並みになるのは７〜８歳頃になります。

　幼児にスポーツをさせるときには、まだ運動機能が成人並みにはなっていないことを理解しておくことが必要です。

　神経系の機能発達でミエリンの形成以上に重要なのが、シナプスの発達です。シナプスは神経細胞同士が、電気的な信号を化学物質の分泌という形に変えて、情報伝達する場所です。一つの神経細胞にシナプスは1,000個近くあることがわかっていますが、このシナプスの数の年齢による変化を示したのが**図 2-5**です。

　図 2-5からわかるように、胎児期には神経細胞同士のシナプスによる結びつきはありませんが、生後急速に多数のシナプスによる神経細胞間の結びつきができてゆくことがわかります。しかし、増加がみられるのは生後１歳の頃までで、そのあとシナプス数は逆に減少してゆきます。運動や言語の発達が目覚ま

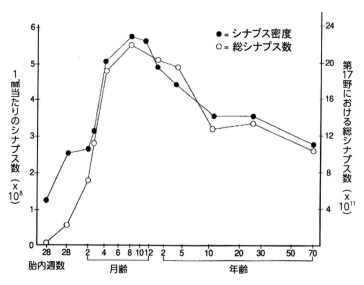

図 2-5　ヒト視覚野のシナプス密度とシナプス数の年齢による変化

出典：Huttenlocher 他（1978）を一部改変[5]

しい幼児期になると、すでに乳児期よりシナプス数は減っているのです。この研究を行ったアメリカのハッテンロッカーも自分の研究結果をどう解釈すればよいのか当惑したといいます。もし神経細胞同士の結びつきが多いほうが、神経機能が高いのであれば、ヒトは１歳の誕生日の頃が最も高い神経機能をもっていなくてはならないことになります。しかし実際はそうではないことは明らかです。この一見逆説的にみえるシナプス数の減少は、その後の研究でシナプスの刈り込み現象というヒトの脳機能の発達に密接にかかわる現象によるものであることがわかりました。わかりやすいたとえで説明すると、乳児期の脳は、放置された庭のようなもので、草木がぼうぼうに生い茂っている状態です。それに対して大人の脳は、植木屋さんによってきれいに剪定された庭になります。乳児の脳では、雑草や生い茂った植木の枝のように、雑然と役に立たない神経細胞同士のつながりが多いのに対して、大人の脳では本当に必要な神経細胞同士のつながりのみが残っているということになります。

　ヒトはさまざまな外界からの刺激によって、必要なシナプスだけを残してより機能の高い脳を作り上げてゆくのです。

（２）循環器系の機能発達

　心臓や血管は子どもと大人で、その大きさ以外にあまり差がないようにみえます。しかし、血液を全身に送り出すという物理的な仕事をするうえで、サイズの違いはその機能に大きく影響します。

　子どもと大人の血管は、その太さが違います。その血管の中を血液が流れるときに生じる抵抗は、血管の内径が小さいほど大きくなります。これを血管抵抗といいますが、それは血管内径の二乗に反比例します。つまり、血管の太さが２分の１だと、抵抗は４倍になります。子どもの心臓は大人に比べて小さく（だいたいその人のこぶし大）、筋肉（心筋）の厚さも薄いため、大きな力で血液を送り出すことができません。子どもの血圧が大人より低いのはそのためです。では、弱い力で大きな血管抵抗に打ち勝って血液を送り出すにはどうすればよいのでしょうか。それは、心拍数を多くして、１回に送り出す血液量を減らせばよいのです。子どもの心拍数が大人より多い理由はここにあるのです。

表 2-3　年齢別の心拍数および呼吸数

	新生児	幼　児	子ども		
心拍数 (/ 分)	130 〜 140	110 〜 120	80 〜 90		
		幼　児	4 〜 5 歳	6 〜 12 歳	13 〜 18 歳
呼吸数 (/ 分)		24 〜 30	22 〜 34	18 〜 30	12 〜 16

（3）呼吸器系の機能発達

　呼吸器も、循環器と同じく、大きさ以外にあまり差がないようにみえます。表2-3に示したように、心拍と同じく呼吸数も年少児のほうが年長児より多くなっています。しかし、もう一つ呼吸器の機能で大人と子どもに大きな違いがあります。それは呼吸方法です。肺はそれ自体で収縮することができないので、息を吸うときには肺が入っている胸郭の体積を大きくして、それにしたがって肺も膨らみます。大人は胸郭の体積を大きくするために、横隔膜を収縮させる方法と、肋骨の間にある肋間筋を収縮させて肋骨を引き上げ、胸郭の体積を増やす方法の二通りの方法で呼吸します。ところが子どもは、もともと肋骨が大人のように斜めになっていないので、後者の方法を取ることができません。そのため、子どもは横隔膜を収縮させる腹式呼吸しかできないのです。

（4）消化器系の機能発達

　循環器や呼吸器と同じく、消化器の働きにも大人と子どもで大きな差はなさそうに思います。口も消化器の入り口ですから、歯がなく、咀嚼（噛み砕き）や嚥下（飲み込み）の働きに、子ども（特に乳児）の特徴があることは周知のことです。

　新生児は、反射的に口のまわりに触れたものをしゃぶり、吸いつくという反射行動を行います。哺乳という生存に必要な反射（ルーティング反射、吸啜反射）です。しかし、固形の食物を咀嚼することはできません。子どもは約1年という長い期間をかけて、吸啜から咀嚼へと口腔の運動機能を発達させてゆきます。ではこの口腔運動機能以外に、大人と子どもの消化器の働きの差は何でしょうか。

　一つは、消化管の長さによる、食物が消化管内を通過するのにかかる時間です。大人では食物（とその残滓）が消化管内に滞留する時間は、2日程度ですが（個人差あり）、乳児では短く半日くらいになります。朝食べた食物の残滓が、昼頃の便の中に見られたりすることは、育児の経験のある人であれば誰でも知っています。

　乳児と大人では、腸内細菌に大きな違いがあります。授乳中の乳児の腸内細菌は、乳酸菌の一種であるビフィズス菌ですが、大人では大腸菌に置き換わっています。ともに常在菌として病原性細菌の繁殖を防ぐだけでなく、ヒトに必要な物質（ビタミンKなど）の産生にもかかわっています。

（5）血液・免疫系の機能発達

　血液の働きは多岐にわたりますが、主な機能は次の3つになります。

　まず、赤血球による酸素の運搬です。私たちの身体を構成する細胞は、その種類にかかわらず、すべて酸素とブドウ糖からエネルギーを得ています。全身の細胞に酸素を運ぶ役割を受けもつのが赤血球です。

　2つ目の働きは、血液の液体成分による栄養素や老廃物の運搬です。前述のブドウ糖だけでなく、電解質（ナトリウム、カリウム）やビタミン、ホルモンなどはすべて血液によって全身の細胞に運ばれます。代謝によって生じた老廃物（二酸化炭素、尿素など）を運ぶのも血液の役目です。

　そして、3つ目の機能が、免疫機能です。主に、白血球（顆粒球、リンパ球）によって、細菌やウイルスなどの微生物や、他の動物（ヒトも含む）の成分が身体内に侵入したときに、取り除いたり無毒化(殺菌など)したりする機能です。

　この3つの機能のうち最初の2つは大人と子どもでは大きな差はありません。強いて挙げるとすれば、赤血球の量（ヘモグロビン）が年齢によって変動することです。新生児期は、大人より濃度が高いのですが、いったん生後6か月くらいにヘモグロビンが低下し、軽い貧血状態になります。病的な意味はなく生理的な貧血とよばれます。その後大人の値に近づいてゆきます。

　免疫の主役であるリンパ球は、発達に伴って大きな変化を受けます。リンパ球は、ウイルスや細菌などの抗原に出会うと、その特徴を記憶する機能があります。予防接種で弱毒化したウイルスや、細菌の成分を注射すると、リンパ球はその特徴を記憶し、次にそのウイルスや細菌が体内に侵入したときに、その記憶を保持したリンパ球は急激に増殖して、ウイルスや細菌を攻撃します。また、Bリンパ球というリンパ球が作る抗体も、ウイルスや細菌に結びつき殺菌作用を援護します。

　子どもは、まったく無菌状態の胎内から外界にでて、初めてウイルスや細菌に出会います。そのため、大人のようにすでに過去にさまざまなウイルスや細菌に出会い、その記憶をもったリンパ球や抗体がすでに血液中に多量にある状態とは異なります。すなわち、子どもは記憶をもったリンパ球や抗体がまだ不十分な状態です。血液中の免疫グロブリンの濃度を示した**図2-6**はそのことを示しています。子ども、特に乳児に接するときには、必ず手洗いをする必要があるのは、免疫力が弱いからです。

免疫グロブリン血中濃度（平均値）

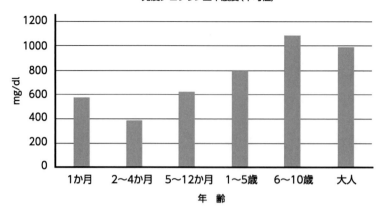

図2-6　免疫グロブリン血中濃度の年齢別変化

（6）腎・泌尿器系の機能発達

　腎臓の機能は、血液中の老廃物や、体内に入った薬物を除去することです。この働き自体に子どもと大人の差はありません。腎臓では老廃物や薬物を取り除くために、ま水に溶けた状態の老廃物や薬物が糸球体と呼ばれるところに集められます。老廃物や薬物を溶かした水は、身体にとって重要なものですので、老廃物を溶かした水が腎臓内の尿細管と呼ばれる長い管を通る間に、水分だけが血液中に再吸収されます。

　この再吸収の能力は、乳児期には低く、年齢とともに次第に高くなってゆきます。再吸収力が強いと、老廃物が解けた尿を濃くすることができます。大人は、身体中の水分が減少する（脱水）と、この再吸収力を高めて、尿を濃くしています。しかし、子どもは再吸収力が弱く、尿をあまり濃くできません。その結果、脱水状態になっても、大人のように水分を体にためることができないのです。

　乳幼児期の子どもを、夏の暑い日に外出させるときには、大人以上に水分補給を行わなければいけないのは、こうした生理的な差があるからです。

（7）内分泌系の機能発達

　私たちの体の中には、6つのホルモンを作る臓器（器官）があります。6つの内分泌器官とは、脳下垂体、甲状腺、副甲状腺、膵臓（ランゲルハンス氏島）、副腎、性腺（精巣、卵巣）です。脳下垂体からは、成長ホルモン、甲状腺刺激ホルモン、副腎皮質刺激ホルモン、性腺刺激ホルモン、プロラクチン、オキシトシン、抗利尿ホルモンなど、多数のホルモンが分泌されますので、ホルモンの種類は10種類以上になります。

　子どもと大人のホルモン分泌で異なるのは、子どもでは性ホルモン（男性ホ

ルモン、女性ホルモン）の分泌がほとんどない、という点です。その他のホルモンは、基本的に子どもと大人では差はありません。身長が伸びるのは成長ホルモンの働きですが、大人は骨の伸びる部分（骨端線）が閉じてしまっているために、分泌は続いているにもかかわらず身長は伸びません。

（8）感覚器系の機能発達

　新生児の視力はまだ未熟な状態で、目の前にあるものがぼやけて見えるだけであることがわかっています。生後6か月くらいになると、大人に近い視力になります。聴覚や嗅覚は生まれたときから、ほぼ大人並みの能力があります。味覚は、塩味以外は生まれたときから大人並みの敏感さがあります。塩味に対する感受性は、食事経験によって発達するといわれています。

4　幼児期の運動発達の特徴

　生まれたばかりの子どもは、ハイハイはおろか、自分の意思で運動することさえできません。子どもが大人並みの運動能力を獲得するのは7〜8歳といわれます。子どもの運動能力の理解は、幼稚園や保育所におけるさまざまな身体運動活動を行うために必須の知識になります。ここでは子どもの運動機能を、歩行などの「粗大運動」と、手先の運動などの「微細運動」に分けて論じます。

（1）粗大（全身）運動の発達

　粗大運動は、英語の gross motor の定訳です。英語の gross には、大きいという意味もありますが、本来の意味は「（身体）全体の」という意味であり、粗大運動というより「全身運動」と訳したほうがより英語の原文の意味に近いといえます。

　子どもの全身運動の発達は、遺伝子によって子どもの脳内にあらかじめプログラムされた機能が成熟することによって可能になります。前述した、脳神経のミエリン化やシナプスの刈り込みなどがその基盤にあります。運動経験は、子どもの全身運動発達にあまり関係ありません。一般には「ハイハイをさせると歩く時期が早くなる」といった言説が信じられていますが、科学的根拠はありません。実際にかつて、新生児期から、子どもに歩行経験をさせて、歩行時期を早くする実験が行われたことがありましたが、成果はあらわれませんでした。

　寝返り、伝い歩きなどの、全身運動の節目となる運動を「里程標（マイルストーン）」と呼んでいます。主な里程標には、「首すわり（定頸）」「寝返り」「お座り」

「つかまり立ち」「伝い歩き」「一人歩き（独歩）」などがありますが、多くの子どもの里程標となる運動の達成時期を示したのが、デンバーの発達スケール（**図2-7**）です。これは健康な約1,000人の乳幼児の発達を実際に観察し、発達里程標の到達時期を統計的にあらわしたものです。

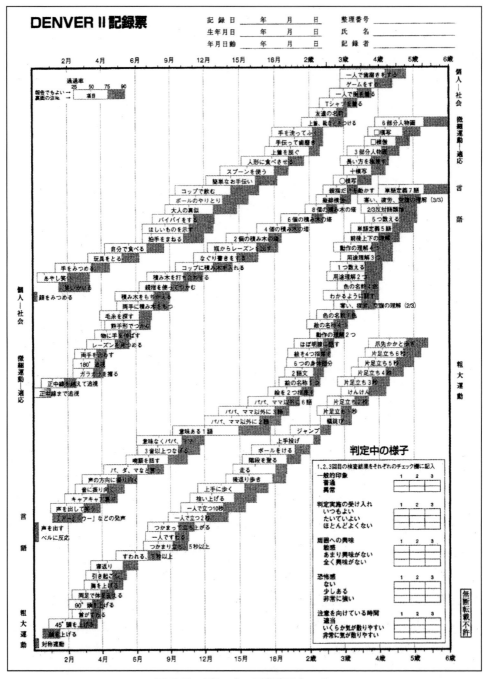

図2-7　デンバーの発達スケール

出典：日本小児保健協会（2017）DENVER Ⅱ記録票[6]

　統計的という意味は、図中の個々の里程標に相当する横の棒（バー）の、左端が25パーセンタイル、右端が90パーセンタイルにあたります。バーの左端に相当する月齢（年齢）では、その月齢の子どもの25％が、その里程標の全身運動が可能であり、右端に相当する月齢（年齢）では、90％の子どもが可能であるという意味になります。バーの内側の黒い部分の左端は、75％を示しています。このデンバーの発達スケールは、子どもの発達の評価に有用です。たとえば、1歳5か月でまだ歩いていない子どもがいても、デンバースケールを見れば、この月齢では健常児の10％以上がまだ歩行を開始していないことがわかります。

　このデンバーの発達スケールは、オリジナルはアメリカの乳幼児を観察して作られましたが、ここに示したものは日本人の乳幼児の観察から作成されたものです。アメリカ版と日本版を比べてもほとんど差はありません。このことは、子どもの全身運動発達は、子どもの生育環境によって大きな影響を受けないということを示しています。

　ネグレクトのような極端な場合は別として、どのような成育環境であっても、子どもの里程標の到達時期はほとんど影響を受けないのです。保育園や幼稚園では、子どもの身体運動に関してさまざまなプログラムが行われていますが、ある特別なプログラムが、子どもの全身運動発達を早めるという根拠はないことを理解しておく必要があります。

　では、乳幼児にとって、さまざまな身体活動を行うことは、運動発達の面から見てどのような意味があるのでしょうか。発達のスピードを促進する効果がないことから、全身運動の発達に、身体運動をしても意味がないのでしょうか。

　そうではありません。乳幼児の身体活動は、里程標到達の時期を早めることはありませんが、運動の強さや持久力、あるいは巧緻性（器用さ）を発達させる効果があります。さらに、国が行っている子どもの体力調査では、普段の運動量と、持久走やボール投げなどの記録の間に正の相関があることがわかっています。住宅事情など園庭がなかったり、あっても狭い園が増えていますが、工夫をして運動量が多くなる子どもの外遊びの機会をつくることは重要です。

　粗大（全身）運動の発達の遅れの原因となる、疾患や障害が知られています（**表2-4**）。脳性まひは、随意運動（意図して行う運動）をつかさどる脳神経細胞が、出産時の低酸素や脳出血によって障害されるために起こる運動機能障害です。筋ジストロフィーは、筋肉細胞の障害で、筋力が低下する疾患です。筋ジストロフィーにはいくつもの種類がありますが、一番頻度の高いデュシェン

ヌ型筋ジストロフィーは、進行性があり、年齢が大きくなるとともに筋力が低下してゆきます。染色体疾患であるダウン症（21トリソミー）でも、全身運動の発達の遅れがみられます。

表2-4　運動発達遅滞の原因

■脳性まひ

先天性筋疾患	デュシェンヌ型筋ジストロフィー、福山型筋ジストロフィー、先天性ミオパチーなど
神経筋疾患	脊髄性筋萎縮症など
脊髄疾患	ポリオ、二分脊椎症など
染色体異常症	21トリソミー、プラダ・ウィリ症候群など
その他	重度の知的障害をきたす遺伝性疾患、早期産児（在胎週数が少ない子どもは、乳児期の運動発達が一時的に遅れる）、乳児期の重度疾患児（例：先天性心疾患など）

（2）微細運動の発達

　微細運動は字のごとく、手先などの細かい器用な運動のことです。微細運動の発達についても、デンバーの発達スケールに示されています（**図2-7**）。微細運動の発達も、粗大（全身）運動と同様に、成育環境による大きな差がないことは、デンバーの発達スケールからうかがうことができます。人の微細運動の中で特に重要なのが、親指と他の指の間で物をつまむピンセットつまみという運動です。この運動によってヒトは、小さなものをつまんだり、ページをめくったり、あるいはボタンをかけたりする巧緻的運動が可能になります。

　ピンセットつまみが可能になるのは、デンバーの発達スケールの「瓶からレーズンを出す」ことが可能になる1歳前後です。それ以前の乳児は、手のひら全体で物をつかむ、手掌把握という方法でしか物をつかめません。

　微細運動についても、その発達のスピードは経験によって早めることはできませんが、巧緻性そのものは、おもちゃなどを操作することによって発達します。おもちゃで遊ぶ、といいますが、乳幼児期のおもちゃは、子どもの微細運動の円滑さや速さの発達を促進することにつながります。また、次節で述べる精神機能発達（知的発達）にも、おもちゃなどの事物の操作は、促進的に働きます。

　微細運動というと手先の運動だけを考えがちですが、口の動き（口腔筋、唇、舌）も微細運動の一つです。食物の咀嚼や嚥下、発声は、多数の口腔周囲の筋の微細な運動によって、可能になります。言語発達の過程として取り扱われている、喃語から有意味語の発声にいたる発達は、精神機能（言葉の認知、記憶）だけでなく、微細運動機能が密接に関連しています。

5 精神機能の発達と保健

　子どもの発達を、運動発達と精神発達の2つに分けて検討することは従来から行われてきました。運動については、目に見えるので比較的わかりやすいのですが、精神発達は目に見えないためにその定義が困難です。人の精神機能を目に見える形にしたのが、フランスのシモンやビネーによる知能検査です。知能検査は、生育環境や文化、言語によって左右されずに人の精神機能を数値化したものです。知能検査の結果算出される知能指数（IQ）は、（精神年齢）÷（暦年齢）× 100 となります。これから述べるように、精神機能は年齢に伴って発達してゆきますが、精神年齢はその子どもの精神機能と同等の精神機能が何歳の精神機能の平均値と同じか、ということを示したものです。たとえば、ある4歳の子どもの精神機能が、5歳の子どもの精神機能の平均値と同じであれば、5 ÷ 4 × 100 = 125 となり、その子どもの知能指数は 125 となります。人の精神機能は 18 歳前後でほぼ完成するので、上の式を当てはめると、成人では年齢とともに知能指数が下がってしまいますので、暦年齢ではなく固定した年齢（18 歳）を使用します。知能指数は、平均（中央値）が 100 であり、70 以下は精神遅滞（知的障害）となります。

　知能指数は、多少の変動はあるものの、ある個人についていえば年齢によって大きくは変化しません。知能指数が 100 の4歳の子どもと、同じく知能指数が 100 の8歳の子どもを比べれば、もちろん8歳の子どもの精神機能のほうが優れています。このことも、知能指数が 100 の子どもというのは、その年齢の平均的な知能をもっている、ということを意味しているので矛盾はしません。

　本節の「精神機能の発達」とは、知能指数の発達ではなく、年齢ごとの平均的な精神機能が、年齢によって伸びてゆくことを意味しています。

　粗大（全身）運動や、微細運動と同じく、デンバーの発達スケールに「精神機能」のスケールがあってもよさそうですが、ありません。それは、精神機能に含まれる行動の範囲が大きいからです。

　ガードナーは、精神機能の中心ともいうべき知能の概念を拡大し、多重知能説をうちだしました。図 2-8 に示したように、ガードナーは、人の精神機能を8つの分野に分類しています。従来の知能検査の対象となる領域は、倫理・数学知能と言語知能に相当すると考えられます。ガードナーは、音楽の理解や演奏にかかわる知能を独立させ、音楽知能と名づけています。個人間知能は、社

知能の分類（多重知能）

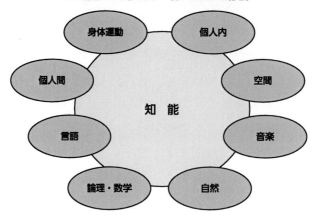

図2-8　ガードナーによる多重知能

会性に、また個人内知能は、情緒（情動）にほぼ相当します。これらの知能の共通点は、それがすべて脳の働きによるものであるということです。本書では精神機能と別にした、運動機能も身体運動知能として、多重知能の一つに位置づけられています。

　子どもは、さまざまな経験を通じて、精神機能を発達させてゆきます。おもちゃなどで乳幼児が「遊んでいる」のは、私たち大人の遊びではなく、むしろ学習体験をしていると考えるべきでしょう。乳幼児は、自分の周りの物や人を観察し、またおもちゃなどを操作しながら、物の性質や因果関係を学習してゆきます。

　知能指数が高くても、情緒的に不安定だったり、他人とのコミュニケーションが取れなかったりするなどの社会性が十分に育っていない子どもがいることからわかるように、論理的・数学的知能と、情緒や社会性をつかさどる脳内の部位が異なっていることが近年明らかになってきています。

　情緒（情動）の発達に関与する脳内部位は扁桃体と呼ばれる脳の中心部に位置する部位です。情動は、怒り、恐怖、悲哀、喜び、嫌悪、驚きなどに分類されますが、論理・数学知能などと異なり、発汗、心拍増加、流涙、血圧上昇などの身体症状を伴うのが特徴です。乳児期の情動は、泣きなどの陰性情動と、笑いなどの陽性情動によって構成されていて単純ですが、次第に怒り、悲しみ、嫉妬、恥などの複雑な情動に発展してゆきます。怒りや罪の意識は2歳前後から出現するといわれています。また、情動をコントロールする能力も年齢とともに発達します。乳児期は他人任せ（泣いて慰めてもらう）ですが、次第に自

分で抑制することができるようになります。緊張すると指しゃぶりをするのも、自分を刺激することによって、情動をコントロールする手段の一つです。

　社会性は、他人の意図を読み取り、それに合わせて行動することを可能にする能力ですが、その発達に大きくかかわっているのが、他人の表情や意図を理解する脳の働きです。近年の脳科学の研究によって、社会性に深くかかわる脳の働きが明らかになってきました。その一つが、前頭葉に機能の中心があるといわれる「心の理論」と呼ばれる能力です（第4章参照）。これは「他人は自分とは違うことを考えている」という私たち大人にとっては当たり前の能力です。乳幼児の心の理論能力発達の研究によれば、基礎的な心の理論能力が成熟するのは5歳前後であることがわかっています。乳幼児のしつけでよく「そんなことをしたら○○ちゃんが悲しくなるからやめなさい」といった説明は、5歳以前の子どもには難しいということになります。

　社会性にかかわるもう一つの脳の働きは、他人の顔の表情を理解する能力です。乳児は他人の顔に対する関心が生まれつき高く、経験を積むうちに表情を理解することが上手にできるようになります。社会性の発達に障害のみられる自閉スペクトラム症の子どもでは、他人の表情を理解する脳内部位の働きが低下していることがわかっています。

　精神機能の発達は、かつては子どもの経験によって支えられていると考えられていましたが、情動や社会性にかかわる脳の部位の生得的な機能によっても左右されていることが明らかになっています。

まとめ

　本章では子どもの育ちの基本となる、成長と発達についてまとめました。身長や体重などの身体発育を指す成長と、生理的機能を含む運動および精神機能を指す発達では、乳幼児を含む小児期において、特に気を付けておかなければいけないポイントがあります。まず、子どもを大人のミニチュアと考えてはいけないことです。神経系をはじめとする生理的機能の発達においては、それぞれの系に特異的な発達様式があり、幼児期に成人に匹敵する発達を示す器官がある一方で、思春期を過ぎるまで成人のレベルに達しない系もあります。このように、子どもは大人をただ単に小さくしたものではないので、子どもの特異性を知っておく必要があります。次に気を付けておかないといけないポイントとしては、成長曲線やデンバーの発達スケールでも示したように、子どもでは個人差がとても大きいということです。特に、身長や体重、そして運動面や精

神面の発達については、保護者もとても気にされる点であり、他児と比べて少しでも異なる点があれば、不安を感じる保護者もいます。その不安は育児にも大きな影響を及ぼします。したがって、乳幼児を扱う専門職として、子どもの発達の幅というものをしっかり理解して、保護者に対応することが求められます。さらに、そのような知識を通して、支援が必要な子どもへ早期に気づくことも可能になり、早期支援へとつながっていくのです。

（榊原　洋一）

【引用・参考文献】
1)　小児内分泌学会ホームページ. http://jspe.umin.jp/medical/taikaku.html（2020 年 2 月 21 日閲覧）
2)　厚生労働省　人口動態統計. https://www.mhlw.go.jp/toukei/list/dl/81-1a2.pdf（2020 年 2 月 21 日閲覧）
3) Tanner JM, Davies PS.（1985）. Clinical longitudinal standards for height velocity for North American children. *The Journal of Pediatrics*, 107（3）:317-29.
4)　厚生労働省　平成 22 年乳幼児身体発育調査報告書
　　http://www.mhlw.go.jp/stf/houdou/2r9852000001t3so-att/2r9852000001t7dg.pdf（2020 年 2 月 21 日閲覧）
5) Huttenlocher PR.（1978）. Synaptic density in human frontal cortex-developmental changes and effects of aging. *Brain Research*, 163(2):195-205.
6)　日本小児保健協会（2017）. DENVER II記録票　日本小児医事出版社.

第3章

生活習慣の形成

本章の目標
・幼児期における生活習慣形成の意義について理解する
・幼児期に必要な生活習慣形成とその内容・方法について理解する
・基本的生活習慣と社会的生活習慣の違い、保育との関連について理解する

1 乳幼児期に必要な生活習慣

（1）乳幼児の気になる姿と生活習慣形成の意義

　日本の乳幼児教育の基本指針である「幼稚園教育要領」「保育所保育指針」「幼保連携型認定こども園教育・保育要領」には、乳幼児期の保育・教育は、「生涯にわたる人格形成の基礎を培う」（幼稚園教育要領第1章総則）ために、「子どもが現在を最も良く生き、望ましい未来をつくり出す力の基礎」（保育所保育指針第1章総則）を育てることが重要だと明記されています。また、その方法として、環境を通して行うことを基本としつつ、保育において育みたい資質・能力を乳幼児の生活する姿から捉えたものとして5つの領域に分け、ねらいと内容を整理しています。そして、領域「健康」では、「健康な心と体を育て、自ら健康で安全な生活をつくり出す力を養う」（幼稚園教育要領・保育所保育指針・幼保連携型認定こども園教育・保育要領）ことをねらいとして掲げています。

　しかしながら、近年、保育・教育現場からは、健康な心と体が十分育っているか疑わしい現状や、基本的な生活習慣が形成されていないことへの心配の声が聞こえてきます。3歳児の幼稚園入園時に、「クラスの半分の幼児が紙おむつをして登園してくる」ことは、最近は珍しいといわれなくなりました。「水遊びの後の着替えを手伝ったとき、"濡れた服をしまってね"と言葉をかけて

も、どうしたらよいかわからず袋を前にそのままの状態でしばらく固まっている」とか、「物を入れることだけでなく、必要なものを取り出す作業を経験してこなかったのか、自分のカバンの中にあるものを見つけられない」などの事例も聞こえてきます。

　ベネッセ教育総合研究所（2016）によれば、10年前にはできていた幼児の生活習慣に関する課題が、2015年の調査で、達成率が下がっていることが報告されています（**表3-1**）[1]。たとえば、3歳児では、2005年調査より達成率が10ポイント以上下がっているものは、「おしっこする前に知らせる」「自分でうんちができる」「オムツをしないで寝る」と3項目あります。4歳児でも、「おはしを使って食事をする」「ひとりで遊んだあとの片付けができる」「オムツをしないで寝る」の3項目が10ポイント以上下がっています。このように、かつての幼児ができていた生活習慣が最近できなくなってきている姿が調査でも報告されているのです。

表3-1　生活習慣に関する発達

(%)

	1歳児		2歳児		3歳児		4歳児		5歳児		6歳児	
	05年	15年	05年	15年	05年	15年	05年	15年	05年	15年	05年	15年
	(660)	(614)	(740)	(583)	(340)	(626)	(312)	(610)	(326)	(671)	(276)	(657)
コップを手で持って飲む	69.5	65.8	98.4	94.8	98.2	96.3	98.1	93.5	97.8	94.0	96.0	92.7
スプーンを使って食べる	64.8	62.3	97.4	95.0	98.2	96.3	98.1	93.5	97.8	94.0	95.7	92.4
家族やまわりの人にあいさつする	45.9 >	35.6	83.5 >	72.6	92.5 >	87.4	93.6 >	87.3	91.8	87.9	91.7	88.0
歯をみがいて、口をすすぐ	14.8 >	9.3	73.3 >	59.1	91.6 >	84.2	95.2 >	88.0	97.5 >	91.6	95.3	91.2
おしっこをする前に知らせる	3.3	4.7	25.2 >	18.4	86.3 >	75.4	97.8 >	90.4	96.9 >	91.9	94.6	90.7
自分でパンツを脱いでおしっこをする	1.2	1.3	17.7	13.0	79.1 >	70.1	98.1 >	90.9	97.3 >	91.9	94.9	90.3
自分でうんちができる	5.6	6.4	24.4 >	18.9	78.8 >	64.4	95.2 >	85.9	96.7 >	90.4	94.6	90.3
ひとりで洋服の着脱ができる	1.4	2.4	18.4 <	23.7	62.0	64.9	92.3	87.5	96.3 >	91.0	93.8	90.7
おはしを使って食事をする	4.5	4.1	32.0	35.2	62.0	58.3	83.7 >	72.1	94.2 >	83.8	93.5	88.9
決まった時間に起床・就寝する	55.6	56.1	62.2	64.4	72.6	68.0	82.4	79.2	85.8 >	77.5	84.4 >	78.2
ひとりで遊んだあとの片付けができる	17.0	16.5	46.8	46.3	64.7	61.7	85.6 >	74.5	88.1 >	80.5	85.1	83.9
オムツをしないで寝る	0.6	1.0	6.3	3.8	45.9 >	35.0	81.1 >	66.0	84.8 >	79.0	90.2 >	83.6

注1）「できる」の%。
注2）満1歳以上の子どもをもつ人のみ回答。
注3）05年、15年調査の結果を比較し、10ポイント以上の差があったものは濃い網掛け、5ポイント以上10ポイント未満の差があったものは薄い網掛けをしてある。
注4）（　）内はサンプル数。
注5）0歳6か月～6歳11か月の年齢層で分析する際のウェイトを用いて集計した。

出典：ベネッセ教育総合研究所（2016）第5回幼児の生活アンケートレポート[1]

　幼児だけでなく、3歳未満児の生活面でも気になる姿が報告されています。たとえば、Aちゃんは、入園して1か月の0歳後半の女の子ですが、身体が硬く泣き始めるとのけぞってしまいます。一般的な赤ちゃんは抱かれると大人に身体を預けるように筋肉も弛緩してこちらを見上げるのですが、Aちゃんは、表情も硬く、「いないいないばあ」で笑顔を引き出そうとしてもなかなか表情

を変えません。生活リズムが落ち着いてくるにつれて最近ようやく笑顔を見せるようになりました。ある日、ちょうどミルクの時間にお母さんがいつもより早くお迎えに来て、保育士が行おうとしていた授乳を代わってくれました。お母さんは「よっこいしょ」と床に腰をおろし両足を投げ出すと、赤ちゃんを抱きあげずに、投げ出した両足の間に仰向けに寝かせて、口の中に乳首を入れました。保育士は驚きましたが、そこでは表情は変えずにご家庭での生活をお聞きしたり、面談の時間をとってもらってゆっくり様子を伝えながら、今後の育児の方向性を話しあったりしたそうです。

　また、小学生の事例として、以下のような姿も報告されています[2]。

　「母親から強制される肉類を飲み込めず、かといって吐き出せずいつも口の中に溜めていた。"お口あけて見せて！"という母親のことばに、涙をこぼしながら歯をくいしばっていた…母のひざが恋しい年齢なのに、名前を呼ばれただけでビクッと反射するようになっていた…。」この事例を取り上げた大木（2000）は、母親が「こだわりの渦に巻き込まれて」、信頼関係を築くことの重要性に気づけていないのではないかと危惧しています。

　また、起床時間と就寝時間が年々遅くなり、生活リズムの乱れや活動意欲の低下も問題となっています。1990年代から子どものからだのおかしさとして指摘されていたのは、朝から元気がなく「すぐ疲れたという」子どもの姿でしたが、近年指摘されているのは、「活動してすぐ疲れてしまう以前の問題、"めんどくさい"といって活動しない子の出現」（桐井，2017）です[3]。

　アメリカの国立睡眠財団（NSF）は、1、2歳児では11時間から14時間、3〜5歳児では10時間から13時間の睡眠時間を推奨していますが[4]、日本の幼児は、冬木・佐野（2019）の報告によれば、対象1歳児から6歳児264人の平均で9時間42分でした[5]。お昼寝などなんらかの形で補う必要がある短さです。

　さらに、児童生徒の睡眠時間は一層短くなります。日本学校保健会（2018）の調査によると、睡眠時間の平均値は小学校1・2年生の男子女子とも9時間13分でしたが、小学校5・6年生では男子8時間39分、女子8時間31分、中学生男子7時間30分、女子7時間14分、高校生男子は6時間52分、女子6時間43分と学年が上がるにつれて短くなっています（**図3-1**）。また、同調査では、「睡眠不足を感じている者の割合」が小学校1・2年の男子で20.6%、女子で17.3%と報告されており、小学校低学年の約5人に1人が睡眠不足を感じている問題が懸念されます（**図3-1**）[6]。

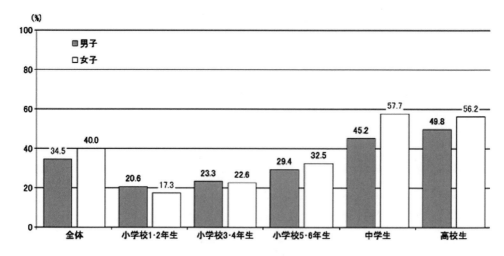

図 3-1　睡眠不足を感じている者の比率

出典：日本学校保健会（2018）平成 28 〜 29 年度児童生徒の健康状態サーベイランス事業報告書[6]

　厚生労働省研究班（研究代表者尾崎米厚）は、インターネットに対する「渇望」、「耐性」、「制御不能」などの 8 項目のうち 5 項目に該当するものを病的使用者として割合を出しています。これによれば、インターネットを病的に使用している中高生は、2012 年調査では中学 1 年 4 ％から 2017 年同調査では 10％、高校 1 年は 9.8％から 16.1％と増えています[7]。厚生労働省は、「ネット依存が健康に悪影響を与えている」と警鐘を鳴らし、増加する自殺がネット依存による生活習慣の乱れと関連していることも鑑み、インターネット等の適切な使用やネット依存を含む各種依存症予防のための予算を計上しています。

　盛一他（2019）は、平成 30 年度子ども・子育て支援推進調査研究事業の一環として、生活習慣に関する国内外の先行研究を分析し、海外の調査においてもスマートフォンなどの生活環境の変化に言及しているものがあったこと、食事摂取の内容や量、睡眠時間等を具体的に明記して推奨しているものがあったことを報告しています[8]。

　このように、子どもたちの気になる姿をみていくと、子どもが気持ちよく生活を送れるような規則正しい生活リズムをつくり、ご飯を美味しく食べ、家族や友達と共感しあって、満足感のある意欲的な生活を送ることが、乳幼児期にいかに重要かがわかります。

　乳幼児期における生活習慣形成は、第一に、生涯にわたって心身ともに健康に生きていくための土台づくりであり、第二に、生活していく上で必要な知識や技術を身に付け、たくましくしなやかに生きるための自立への第一歩であり、

第三に、乳幼児が他者と共感しあいながら、安心して過ごすことのできる知性と感性を育てる機会であるといえるでしょう。

（2）生活習慣とは何か

　習慣とは、『広辞苑第七版』によれば、「①日常の決まりきった行い。しきたり。ならわし。慣習。②反復によって習得し、少ない心的努力で繰り返せる固定的な行動」となっています。生活の中で日常的に繰り返されて行われ、それが安定化・自動化して遂行されるものが生活習慣です。生活習慣には、人間が毎日生活していく上で必要な「基本的生活習慣」と、「あいさつをする、ルールを守る、公共の場を大切にするなどの、社会生活に必要な生活の習慣」[9] である「社会的生活習慣」とがあります。

　また、基本的生活習慣には、社会の文化やルールを最初は模倣したり伝授されたりしながら獲得していって自分のものにしていく食事や着脱や清潔の習慣と、生理的リズムを重視しながら必要な生活文化を身に付けていく排泄や睡眠の習慣とがあります。いずれにしても、基本的生活習慣は、生命の保持や健康の増進に欠かせない習慣だといえます。

　ところで、徐々に形成される生活習慣とは区別して、生活活動という場合があります。食事活動や着脱活動とはいいますが、睡眠活動とはいわないことからもわかるように、活動というのは乳幼児自身が主体となって何らかの目的をもって遂行する場合に使います。習慣はその行動自体が繰り返されることによって徐々に形成されていくものですが、活動といった場合には、かなり意識的に（もちろん無意識の場合もありますが）子どもが主体的に取り組むことを想定あるいは期待して使用します。

（3）生活習慣と保育の構造

　ここでは、乳幼児期の保育をどのように計画していくのかという観点から、保育の構造を示し、その中で、生活習慣についてみていきます。

　図3-2は、宍戸（1982）による保育計画の構造図 [10] です。「基本的生活」の形成では、生活リズムと食事、睡眠、排泄、着脱衣、清潔などの指導を日常的に行いますが、言葉による伝えあいを通して、言葉の発達の基礎もつくるとしています。その上で、「あそび活動」を中心におき、就学後の学習につながる活動として「課業活動」と「クラス運営活動」をおいています。宍戸案の特徴は、集団生活の発展を目指して作る保育の計画であるという点です。幼児期は、「仲間をくぐって育つ」時代ともいわれ、一人ひとりの思いや発見が仲間の中で取り上げられたり、一人ひとりの成長を確かめあったりしながら、次の発展への

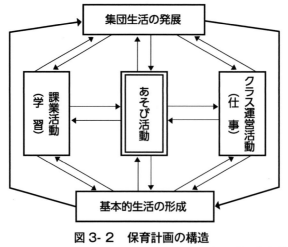

図 3- 2　保育計画の構造

宍戸（1982）を基に作成 [10]

エネルギーを育てていくことが幼児期のクラスづくりとしてできるのではないかというわけです。一つの問題を協同して取り組み解決していけるような仲間関係が重要になってくるといえます。

　次に、**図 3-3** は、幼児だけではなく、乳児・3 歳未満児も含め、保育の中で何が行われているのか、何が存在しているのかを整理し、各々の取り組みの内容と意義をまとめたもの [11] です。宍戸が**図 3-2** で述べている「クラス運営活動」については、「生活活動」の中に位置付けられますが、たとえば、子どもたちが飼っている動物とのかかわりを劇の発表会で表現するなどの取り組みは、子ども自身の「あそび活動」でも「課業活動」でもありますので、関連しているといえます。生活には、広義の生活と、狭義の「生活」があります。広義の生活は、主に幼稚園・保育所等で行われる生活全体を指しています。また、狭義の「生活」は基本的生活習慣と社会的生活習慣とが形成される場としての「生活活動」を指しています。宍戸案では、幼児の活動を想定していますが、**図3-3** では乳児期から幼児期までの保育全体における取り組みの内容と各活動の発達的意義をみています。本章において取り上げる生活習慣の形成は、保育の視点からみると、この「生活活動」の中に位置付けられます。たとえば睡眠習慣などは、基本的生活習慣でもありますが、それだけを考えれば保育ができるかというとそうではありません。「たっぷり遊んで、しっかり食べて、ぐっすり眠る」という日課づくりの中で、生活リズムが整うといったように、保育全体の視点から押さえていく必要が保育者にはあると考えられます。つまり、生活習慣は、生活習慣の形成のみに焦点を当てて取り組んでも、乳幼児の心身の健康と発達を保障していくことにならないということです。

　なお、保育構造図については、遊びをどう位置づけるか、個と集団の関係をどう描くかによっても違いがあり、ほかにもさまざまなものがあります。

乳幼児の全生活	生活活動	生活活動とは、子どもの生命の保持や健康の増進、情緒の安定を目的とする活動であり、子どもが能動的に取り組み、それを自分のものにしていく中で、「人間独自の生活文化」を獲得し、人間的自由さを拡大していく保育の基礎となる活動。この生活は、第一に、生涯にわたって心身ともに健康に生きていくための土台づくりであり、第二に、生活していく上で必要な知識や技術を身に付け、たくましくしなやかに生きるための自立への第一歩であり、第三に、乳幼児が他者と共感しあいながら、安心して過ごすことのできる知性と感性を育てる機会でもある。	・日課づくり（生活リズムの確立） ・基本的生活習慣（食事・排泄・睡眠・着脱・清潔など）・健康な体づくり ・社会的生活習慣（幼児では、片づけだけでなく、食事当番などの当番・係活動、飼育栽培活動などに携わったり、地域の人と交流したりする）幼児が行うクラス運営活動は取り組み方やねらいによっては遊びや課業とも関連している。
	あそび活動	あそび活動とは、子どもが発達に応じて楽しみ、おもしろさを追求していく活動であり、子ども自身の自主的で自発的な活動である。子どもはおもしろさゆえに、自分のもっている力を十二分に出して遊びに熱中し、遊びのプロセスの中で、結果として、さまざまな技術を身に付け、能力を育て、人格を磨いていく。能力を身に付けるために遊ぶのではなく、遊んでいるうちに育つのである。	乳児では、保育者との情緒的交流を主とした遊び（あやし遊び、ゆさぶり遊び）、モノとかかわる遊び、子ども同士の交流を大事にする遊び（かくれ遊び、みたて・つもり遊びなど）を行う。幼児では、保育者や友達と鬼ごっこやごっこ遊びなど、ルールのある遊びを行ったり、可塑性のある素材（砂、泥、粘土など）を使って何かを作りだしたりする。友達とイメージを共有して遊び、協同的活動を行う。
	課業活動	課業活動とは、人類が築いてきた科学や芸術、スポーツなどの文化遺産を子どもたちに系統的に伝えていく活動である。乳幼児の各年齢において、発達することが望まれる認識や技能などの基礎的な諸能力を育てていくためには、おもしろいことを毎日探して楽しむあそび活動だけではなく、なんらかの意図的な働きかけが必要である。保育者がある保育上のねらいを達成するのに必要な教材や場を準備し、子どもたちに系統的に働きかけていく活動が課業活動である。なお、早く何かができるようにしたり、たくさんの知識や技能を身に付けさせるような早期能力開発とは違う意図をもって行うものである。	・音楽や造形・描画など芸術にかかわるものや、言葉や文学にかかわるもの（絵本・わらべうた、リズムあそび、手遊び・うた遊び、劇遊び、劇づくりなど）を意図的に行う。 ・身体づくり、運動発達など諸器官の機能と能動性を高めるものを意図的に行う。なお、上記が子どもの自主的なものである場合は遊びとなり、その境目は厳密ではない。

図 3-3　保育の構造と各活動の意義・内容

齋藤（2017）p13 の図を一部改変[11]

2　生活習慣の形成

（1）安心できる生活と生活習慣の形成

　生活習慣を形成していくことは、結果として乳幼児に何をもたらすのでしょうか。また、その際、大切なことは何でしょうか。

　第一に、生活習慣形成の中で、乳幼児は人類が獲得・伝承してきた文化を引き継ぎ、技術や技能を獲得し、自信や有能感を得ていきます。たとえば、大人が使っている箸を自分も持って使いこなせるようになると「おおきくなった」ことを実感し、それが別の場面の姿にも影響を与えます。排泄の自立も同様です。一人でトイレに行くことができるようになると、遊びへの集中が途切れず、活動の自由度が拡大します。何より自己肯定感や自己効力感が増すでしょう。

　第二に、生活習慣形成の中で意欲が引き出され、主体性が育てられ、自立して生きていくことができます。知識や技術や技能を獲得し、たくましく生きていくことは、乳幼児に生きる力を育て、自立へと導きます。また、乳幼児期は、個の生理的なリズムが、社会生活の中の環境要因に影響を受けて、人間らしく生きるための生活リズムになっていく時期です。生活リズムは、人類が何万年もかけて獲得してきたものですので、社会が夜型になったとしてもすぐに変えられるものではありません。食事や睡眠のリズムを安定させて生活することで、たくましくしなやかな生活が営めます。主体的に自立して生きていくことができるのです。

　第三に、生活の中で保育者が寄り添うことで、安心感と自己決定力が育つということです。この点について、たとえば、３歳児の食事場面の事例から考えてみましょう。お茶の水女子大学附属幼稚園教諭の佐藤寛子さんが語った３歳児の食事の様子を、塩崎美穂さんが著書の中で取り上げて論じています[12]。

> 佐藤：3歳の人の話なんですけどね、お母さんがつくってきたお弁当を幼稚園では食べないと決めた人がいたんです。幼稚園で何も食べないで帰ったらお母さんが心配するだろうなって思うんだけど、無理に食べさせるのも違うなと思って、私も食べないで横に座っていたんです。そうやって食べない日がしばらく続いたんですけど、「どうして食べたくないのかな」って聞いたら、「はずかしいから」って言ったんですよ。家と園とでは環境が違うから、そういうこともあるのかなと思って、その子の前についたてを置いて見えないようにしてみたんです。そしたらついたてのすきまからみんなの様子を見るようになって、とうとう何回目かのお弁当のとき、みんなが食べ終わって遊び始めたころに、ついたての向こうでちょこっと食べたらもう止まらなくなっちゃって、すごい勢いで食べ始めた。そういうことが一学期にありました。

　塩崎さんはまずこのエピソードが「幼稚園では食べないと本人が決めた」ことを、「ゆるぎない前提」として語られはじめたことに驚き、このように述べています。

塩崎：なるほどなるほど、「あなたは食べないって決めたのね」と、子どもが選んだ道をしっかり受け止める＜構え＞が保育者にあります。

　「お弁当を食べない人」がいたとき、私たちは「お弁当を食べられない人」ととらえ、できないことに焦点を当てた見方をしがちではないでしょうか。もちろん、安心して食べてほしいと願わない保育者はいません。…でもその「食べてほしい」という保育者の願いが、子どもにぐいぐいと押し付けられていいとは思っていません。まずは本人の意思を尊重し、ありのままの姿を受け止めています。「なってほしい子ども像」を保育者がつくり込みすぎず、子どもへの願いは保育者の身体のどこかにしまっておき、いつでも取り出せる位置に置いてあるという感じに聞こえます。

　入園前まで日中お母さんと一対一で過ごすという日々を送ってきた3歳児にとって、喧騒とした幼稚園の生活は、緊張状態の連続かもしれません。緊張状態では食べたいという欲求よりも、不安感のほうが勝るのも無理はありません。食事というのは、人間としての素の部分が出る場面でもあります。そうしたときに、佐藤さんが「ついたてを置く」というアイデアを試したのは、佐藤さんが、この「子ども自身が視線の先に見えている世界をイメージする」ことができているからです。この佐藤さんの実践に対し塩崎さんはこうも論じています。

塩崎：「食べないと決めた人」の視線の先にあった＜友達のいる世界＞が、＜ついたて越しにいる世界＞にかわりました。友達が自分を見ているようではずかしくて友達を見ることができなかった人が、「見られないで見る」ことができる視野を得たことで、まわりの様子をよく見ることができるようになり、安心感を手にすることができたという展開でしょう。

　見通しが立たずに不安な気持ちでいっぱいなこともある3歳児に対して、本来あるべき姿（お弁当を食べること）を示し、言葉で懇々と説得しても、「子どもとつくる保育」にはなりません。「こんなふうにしたいかもね？」とか、「こうしたら食べないでいることよりももっと安心ね？」などと、<u>子どもの感じていることを想像し、その人にぴたっとくる選択肢を用意する</u>ことが大切でしょう。

　このように、乳幼児にとってまず必要なのは、安心感のある生活なのです。生活習慣の形成では、生活技術を獲得し、「できた」ことに満足感や達成感を味わい、自信をつけていくことによって生きる力を育てていくことが重要です。しかし、その前に必要なのは、自分がここにいていいんだと思える安心感や安

定感でしょう。それを子どもが感じられるようにするためには、まず生活の中で不安や葛藤を抱えている子どもの気持ちに寄り添い、思いを共有すること、そして、選択肢を用意し、自分で判断して自分で決めることを尊重すること、そのなかで、子どもに自己決定力が育っていくのではないかと思われます。

（2）食事

　食事は、生命の維持や健康の増進だけでなく、"道具を使って食べること"などの多種多様な文化や生活様式を乳幼児に伝達していく場です。保育の中では、前述のような安心感のある生活の土台の上に、保育者のきめ細かい配慮や援助、指導が必要な場でもあります。

　厚生労働省で示されている「発育・発達過程に応じて育てたい"食べる力"について」では、授乳期・離乳期では、まず安心と安らぎの中で飲んだり食べたりしながら、食へのリズムをつくり、幼児期では家族や仲間と一緒に食べることを楽しんだり、栽培・収穫・調理を通して、わくわくしながら食べ物に触れたりし、思春期には食生活を営み改善すること、食の流通のプロセスを理解することができるようにしていくことなどが描かれています（**図3-4**）。乳幼児期では、一緒に食事を楽しみたい人がいて、その人と食について言葉で伝えあったり語りあったりすることができ、おいしさを共感しあえることが重要だといえます。

1）離乳食・幼児食と危機管理

　栄養士でもある大滝園長（清水・風の子保育園）によれば、離乳食は月齢と発達を考慮し、食物の形状と硬さを考えながら進めていくことが重要です。上あごに擦りつけるのではなく、スプーンの先に食物をのせて子どもが自分で取り込めるようにしていきます。「歯茎の上に食物をのせ、舌でおしつぶすためにはある一定の硬さは必要であり、幼児になると、食塊の大きさを理解して自分が食べられる分だけを口に入れて食べることが徐々にできるようになる。そのためには、いつまでもドロドロではなく段階的に消化機能に配慮しながら食事を進めていく必要がある」といいます。現場で事故が起きる可能性があるのは、餅やパンといった、詰まりやすいもの・上あごにくっつきやすいものを食べるとき、ミニトマトのように喉に詰まりやすいものを食べるときです。刻み方や量に配慮する必要があります。また、あくの強い野菜や繊維の多い野菜も配慮が必要です。

　図3-5は、東京都内にある保育園の乳児・幼児食の年間の計画の一例です。この保育園では、このほか、離乳食、アレルギー食、病気のときの配慮食など

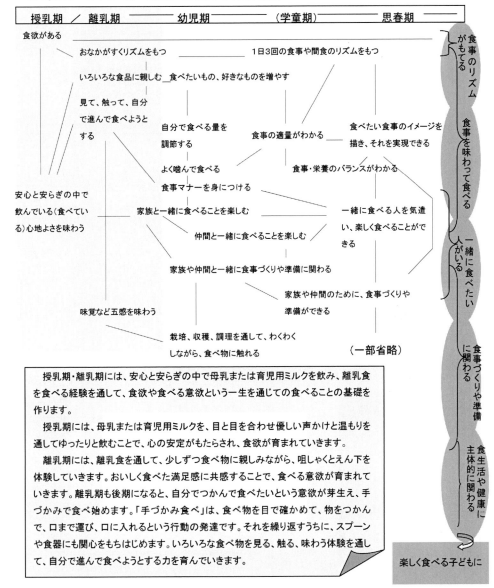

発育・発達過程に応じて育てたい"食べる力"について

子どもは、発育・発達過程にあり、授乳期から毎日「食」に関わっている。授乳期・離乳期は、"安心と安らぎ"の中で"食べる意欲"の基礎づくりにあたる。

授乳期　／　離乳期　━━━━　幼児期　　　　（学童期）　　　　思春期　━━━

食欲がある

おなかがすくリズムをもつ　━━━━　1日3回の食事や間食のリズムをもつ

いろいろな食品に親しむ　食べたいもの、好きなものを増やす

見て、触って、自分で進んで食べようとする

自分で食べる量を調節する　　食事の適量がわかる　　食べたい食事のイメージを描き、それを実現できる

よく噛んで食べる　　食事・栄養のバランスがわかる

安心と安らぎの中で飲んでいる（食べている）心地よさを味わう

食事マナーを身につける

家族と一緒に食べることを楽しむ　　一緒に食べる人を気遣い、楽しく食べることができる

仲間と一緒に食べることを楽しむ

家族や仲間と一緒に食事づくりや準備に関わる

家族や仲間のために、食事づくりや準備ができる

味覚など五感を味わう

栽培、収穫、調理を通して、わくわくしながら、食べ物に触れる　　　（一部省略）

食事のリズムがもてる

食事を味わって食べる

一緒に食べたい人がいる

食事づくりや準備に関わる

食生活や健康に主体的に関わる

　授乳期・離乳期には、安心と安らぎの中で母乳または育児用ミルクを飲み、離乳食を食べる経験を通して、食欲や食べる意欲という一生を通じての食べることの基礎を作ります。
　授乳期には、母乳または育児用ミルクを、目と目を合わせ優しい声かけと温もりを通してゆったりと飲むことで、心の安定がもたらされ、食欲が育まれていきます。
　離乳期には、離乳食を通して、少しずつ食べ物に親しみながら、咀しゃくとえん下を体験していきます。おいしく食べた満足感に共感することで、食べる意欲が育まれていきます。離乳期も後期になると、自分でつかんで食べたいという意欲が芽生え、手づかみで食べ始めます。「手づかみ食べ」は、食べ物を目で確かめて、物をつかんで、口まで運び、口に入れるという行動の発達です。それを繰り返すうちに、スプーンや食器にも関心をもちはじめます。いろいろな食べ物を見る、触る、味わう体験を通して、自分で進んで食べようとする力を育んでいきます。

楽しく食べる子どもに

図3-4　「発育・発達過程に応じて育てたい"食べる力"について」

出典：厚生労働省ホームページ（https://www.mhlw.go.jp/shingi/2007/03/dl/s0314-10_31.pdf）

に関する方針、行事食・クッキング保育に関する方針、食品の月齢別計画表などの資料を用意し、保護者にも公開しています。保護者へのわかりやすい情報提供は今後ますます必要になってくると考えられます。

乳児・幼児食の年間の計画と目標

年間到達目標	1〜2才	自分の力で楽しく食べられるようになる。
	3〜5才	楽しく食べるとともに、正しい食習慣を身につける。

	課題	栄養摂取目標	計画
一期	**1〜2才** 新しい環境、日課に慣れ、落ち着いて食事が出来るようになる。 **3〜5才** 新しい環境、日課に慣れ、落ち着いて食事が出来るようになる。	**1〜2才** 600kcal 蛋白質 19.2g **3〜5才** 630kcal 蛋白質 20.3g	●とり入れたい季節の材料 新野菜…新じゃが・新玉葱 　　　竹の子・ふき・グリン 　　ピース・アスパラガス・ 　　絹さや・よもぎ 果物…いちご・甘夏、魚…さわら

大人の配慮
- ○日課を安定させるため、喫食時間を守る。
- ○家庭や園で食べ慣れている献立をとりいれる。
- ○子ども自身が自分で食べられる分量を知り、減らしたり、おかわりしたりしながら、自分で食べる気持ちを促す。
- ○落ち着いて食事ができるように、大人の動きをできる限り少なくする。
- ○3才半を目安に箸の使用を始める。最初に悪い癖がつかないよう、家庭と一致して取り組む。

	課題	栄養摂取目標	計画
二期	**1〜2才** 自分からすすんで食べるようになる。 スプーンを正しく持つ。(2才〜) **3〜5才** 食事が楽しみになり、こぼさず食べられるようになる。箸を正しく使う。 正しい姿勢で食べる。	**1〜2才** 630kcal 蛋白質 20.3g **3〜5才** 640kcal 蛋白質 20.6g	●とり入れたい季節の材料 夏野菜　なす・ピーマン・トマト・南瓜・枝豆・そら豆・とうもろこし・インゲン 果物…さくらんぼ・ぶどう・梨・メロン・スイカ 魚…アジ

大人の配慮
- ○色どりを美しく、盛りつけを工夫する。
- ○食事の雰囲気づくりについて、保育者とともに考える。
- ○梅雨時、食中毒に注意し、食品の選択、調理法を工夫する。
- ○プール・水遊びにむけて、体力を充分つけることを目指す。暑さのため、食欲が減退しがちだが、さっぱりとした、口あたりのよい食品、調理法をとりいれる。

	課題	栄養摂取目標	計画
三期	**1〜2才** 夏の疲れが残らないように、たっぷりと食べる。 スプーン・フォークを使って食べられる。 秋の食品を楽しんで食べられる。 **3〜5才** 友達と一緒に食べながら、必要量が充分とれるようになる。 秋の味覚を楽しむ。 食べた後、きちんと片付ける。 ●残した物は残菜入れに入れる。 ●同じ食器はまとめる。(3才) ●同じ食器を決められた数に重ねる。(4〜5才)	**1〜2才** 主食量の目安 　　　　1才　2才 飯　　70g　80g パン　30g　40g 麺　　70g　80g **3〜5才** 主食量の目安 　　　3才 4才 5才 飯　　90g100g110g パン　50g 60g 70g 麺　100g 110g 120g	●とり入れたい季節　の材料 秋野菜…れんこん 　　　　きのこ 　　　　里芋 　　　　栗 　　　　さつまいも 果物…柿　　りんご 魚介類…さば・さんま

大人の配慮
- ○盛りつけに工夫をして、楽しい雰囲気づくりを心がける。
- ○秋の食品を豊富に取り入れ、季節感をだす。
- ○秋の行事にふさわしい献立にする。
- ○食べた後の片付けがやりやすいように、片付ける場所をきちんと整える。

	課題	栄養摂取目標	計画
四期	**1〜2才** 発育・発達に必要な食品をひとりでこぼさないで食べる。 **3〜5才** 健康作りにふさわしい、いろいろな食品を充分に食べる正しい食習慣を身につける。	**1〜2才** 660kcal 蛋白質 21.5g **3〜5才** 660kcal 蛋白質 21.2g	●とり入れたい季節の材料 冬野菜　　かぶ　白菜 　　　　　　　大根　小松菜 早春の野菜　菜の花 果物…みかん 魚介類…あさり
大人の配慮	○成長に見合って食器・盛りつけなどをかえていく。 ○スプーン・フォーク・箸の使用にあわせて、切り方を工夫する。 ○献立にあわせてスプーン・箸の両方の使用も考える。 ○3才半をめどに箸の使用を始める。 ○厳冬期をむかえ、暖かい献立・提供法を工夫する。 ○冬野菜を積極的にとり入れる。		

保護者の皆様へ

給食では、食事を通して子どもたちにこんな力がついてほしいと考えています。

1　食べることへの意欲

2　必要な食品・分量をしっかり食べられる力

3　味わって食べる力

4　良い食習慣

◎**給食献立のねらい**

　①午後のおやつを軽食にします。夕食前の間食は必要ありません。

　②冷凍食品・加工食品は使わず、手作りが原則です。

　③新鮮であり、できるだけ有害な添加物を含まない食品を選び巾広く使用します。

　④繊維の多い根菜類の利用をこころがけ、特に煮物をとり入れます。

　⑤旬の食品を利用し、季節感を出し、行事食も実施します。

◎**軽食について**

　昼の時間充分に活動するエネルギーを保障し、かつ発達に見合う各栄養素を摂取する。また、長時間保育で夕食が7〜8時になる家庭でも、無駄な間食をしないで夕食を待てるよう、午後のおやつを軽食にし、食べる時間も幼児で、3時40分から4時としています。内容も下記のようなものにしていますので、帰宅してからの間食は必要無いはずです。家に帰った安堵感からつい、甘いお菓子やスナック菓子をつまんで、夕食が食べられなくならないよう、ご家族でも充分配慮してあげましょう。

軽食の内容(例)

＜やきそば・フルーツ・牛乳＞　＜いなり寿司・フルーツ・牛乳＞　＜お好み焼き・フルーツ・牛乳＞ ＜肉まんじゅう・フルーツ・牛乳＞　＜卵とツナのサンドウィッチ・フルーツ・ココアミルク＞ ＜スパゲティミートソース・フルーツ・牛乳＞　＜中華おこわ・フルーツ・牛乳＞など

(多摩福祉会こぐま保育園給食方針資料から抜粋)

図 3-5　乳児・幼児食の年間の計画と目標

2）保護者が食事で困っていること

　楽しく食べることが重要ですが、好き嫌いがあると、なかなか箸は進みません。近年は、アレルギーにより食べられないものも増えているため、無理に食べさせるという行為は保育現場では厳禁です。厚生労働省の「平成27年度乳幼児栄養調査」[13] では、食事が原因と思われるアレルギー症状を起こしたこ

とがある者の割合は、14.8％でしたが、そのうち、医療機関を受診した者の割合は 87.8％で、その際、「食物アレルギー」と医師に診断された者は 76.1％でした。

　また、同調査の平成 17 年度版では「保護者が困っていること」の第 1 位は「遊び食べ」、第 2 位「偏食」、第 3 位「むら食い」でした。平成 27 年度の同調査では、2 歳から 3 歳未満は「遊び食べ」、3 歳以上の幼児では「食べるのに時間がかかる」が第 1 位となっています。これは、テレビを見たり、遊んだりしながらの「ながら食べ」をすることが多く、いつまでも食卓に食べ物がある状態で、一定の量を食べきる習慣がなくなっているのではないかと推察できます。

　一般的に、幼児が食事に集中できる時間は 20 分から 30 分だといわれます。だらだらと食べるよりも一定の量をしっかりと食べること、空腹感をもって食事に向かうようにすること、そのために、園から帰ってくるのが遅い場合にはおやつを少し控えるなどの配慮も必要でしょう。園では、起床・朝食の遅い子どもは少し遅らせてグループごとに昼食にしたり、午前中全身を使った遊びをたっぷりと行ったりするなどの工夫が必要です。

　また、苦手なものに手を出さない子どもに対して、「食べてごらん、おいしいよ」というだけでなく、何に配慮するべきか考える必要もあります。金田・井坂（1990）は、食事には、おいしさを他者と共有する「共感」、どっちを先に食べようか自分で決められる「選択性」、そして、一方的強制的ではない働きかけのゆとりとして「間」が必要であると述べています（**図 3-6**）[14]。食事場面で保育者と子どもがお互いに葛藤を乗り越えるためには、保育者は、この 3 つの要素があるかどうかを点検するとともに、子どもが自分で決めるということを尊重できているかを問うことも重要ではないでしょうか。

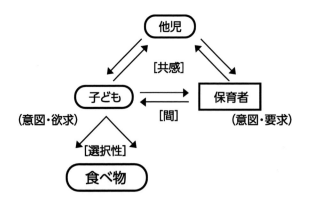

図 3-6　（食事場面で葛藤を乗り越えるための）子ども・保育者・他児・食べ物の関係
金田・井坂（1990）を基に作成 [14]

3）スプーンや箸の使用

　乳幼児が手づかみではなく、道具としてスプーンを使えるようになるために
は、スプーンというもののアフォーダンス（行為を可能にする環境の性質[15]）
を知覚して、その機能を理解できなくてはなりません。生後14か月頃になると、
子どもはその機能を理解し、口に手で食べ物を持っていくのではなく、スプー
ンで運ぼうとします。その際、スプーンを持っていない手が、食べる行為を補
助する動きをする場合もあります[16]。

　箸の使用は、まずスプーンやフォークを「鉛筆持ち」で持てるようになって
いるかどうかを確認しながら進めます。1歳を過ぎると、子どもはスプーンを
「上握り」するようになります。スプーンの柄を上から握る方法です、しっか
り握ると力が入るのですが、お茶碗の中のものをかき集めるためには操作が難
しい持ち方です。このあと「下握り」、または「3本握り」に誘導していきます。
しかし、これも口に入れるときには力が入りますが、すくうときには操作しづ
らいため、人差し指と親指と中指を動かして持つ「鉛筆持ち」への移行を援助
していきます。これは2歳頃から少しずつでき始めます。食べこぼしはまだ見
られますが、片方の手でお茶碗を持ちながら中の食べ物を上手に集めることが
できるようになっていきます。「鉛筆持ち」が上手になると、いよいよ3歳代
から箸の使用が可能になります。

　大瀬良他（2018）は、母親と幼児の箸の持ち方には有意な関連が認められ、
親の箸への関心の高さが箸の正しい持ち方に影響を与えると述べています[17]。
正しく箸を持てるようになると、豆やご飯粒を拾ったり、骨を取ったりなど、
細かい操作が可能になり食事のときにストレスがなくなります。スムーズにお
いしく食べることができるようになり自由度が増します。したがって、3歳頃
に箸を導入する以前に、保育所では、1歳児クラスから、保護者と共に箸に関
する情報を共有したり、手指の巧緻性を高める遊びを工夫したりする必要があ
るでしょう。

（3）睡眠と午睡

　赤ちゃんは眠ることで環境に適応していくといわれます。生まれたばかりの
赤ちゃんは、一日のうち20時間から22時間も眠っています。特に、部屋の中
が明るく騒がしいと目を閉じ、静かになると目を開けるといわれます。これに
ついて小西・吹田（2003）は、発達神経学者のプレヒテルの説を引用しながら、
「眠ること」は、「赤ちゃんが置かれた環境に適応するための優れた能力」であ
り、眠ることで余分な刺激を除去しているのだと説明しています[18]。

胎児期では、体動や心拍数に約24時間のサーカディアンリズム（概日リズム）をもっていることが知られていますが、生後、新生児の体内では、新しく形成しようとするサーカディアンリズムと、睡眠やホルモン分泌にみられるウルトラジアンリズム（約3〜4時間周期のリズム）の両方が混在していることが明らかとなっています。生後3、4か月になると、安定したサーカディアンリズムが認められるようになります[19]。このように赤ちゃんは、最初は、周りの環境の変化にはあまり左右されずに睡眠と覚醒を一定のリズムで繰り返していきますが、このリズムは、脳の神経系の発達とともに変化していくため、室内環境は、明暗環境を整える必要があるのです。

　人間にとって睡眠は、「大脳を休ませる」「記憶を定着させる」「レム睡眠中に行動の模擬演習をする」などのいくつかの役割がありますが、はっきりとした結論はまだ出ていません[20]。しかし、脳の発達途上にある幼児にとって重要な役割を果たしていることは疑いようもなく、近年、睡眠不足を感じる人の割合が高いことが懸念されているところです。

　テレビ視聴の長さによる子どもの健康や発達への影響は、40年ほど前から指摘されてきましたが、睡眠についても調査が行われてきました。服部他（2004）は、岡山県内の幼児をもつ保護者466名を対象に生活調査を行い、テレビ視聴の長い幼児は、就寝時刻が遅くなって睡眠時間が短くなるとともに、朝食摂取が十分でなく偏食傾向がみられたり、「大便後の手洗い」や「園に行く用意」という習慣形成がしにくくなったりしていることを明らかにしています[21]。

　近年は、スマートフォンなどの携帯端末や機器への接触時間が乳幼児期から始まっていることも指摘されています。内閣府（2017）の調査によれば、1歳児が、スマートフォンやタブレットなどを利用している割合は11.6％、インターネット利用率は9.1％あり、2歳児ではそれぞれ37.4％、28.2％に増え、3歳児では47.5％、35.8％に、4歳児では50.4％、39.7％になっていると報告しています[22]。また、5歳児では5％の保護者が、インターネットのやりすぎで「睡眠不足などの体調不良になった」と回答し、25％の保護者が「注意してもやめない」と回答しており、前述のネット依存の現状からも健康問題が危惧されます。

　ベネッセ教育総合研究所が5年ごとに行っている幼児の生活に関する調査（ベネッセ教育総合研究所，2015）では、この20年間で若干早寝傾向にはあるものの、2015年調査では「22時頃」以降に就寝する4歳から6歳の幼児は、24.0％となっています。また、1歳6か月〜3歳11か月の幼児では未就園児が25.1％であるのに比べ、保育園児36.2％であり、4歳から6歳の幼児におい

ても、保育園児が 40.5％に対し、幼稚園児は 11.1％と保育園児のほうが遅い傾向にあります。特に都市圏では職住近接や、通勤ルートに保育所を確保することなどが難しく、保護者の労働環境や通勤時間などの影響を受けている可能性が推察されます。

　さらに、睡眠は、精神的健康にも影響を与えることがわかってきています。小学生に対する江村・水野（2016）の調査では、睡眠不足を感じていない者は、メンタルヘルス項目で陽性割合が低く、体力高群の割合も高いことが報告されています[23]。また、教育課程研究センターの「全国学力・学習状況調査」の調査結果[24]から、毎日朝食を食べることと、児童生徒の国語・算数・数学の回答率との間にはっきりと相関がみられていることも衝撃をもって受け止められています。つまり、睡眠時間を確保しつつしっかりと食事をとることは、メンタルヘルスを良好に保つことや体力向上、学力向上にも関連するといえます。

　一方、睡眠習慣も含めた生活リズム・生活習慣の乱れについては、2010 年代以降、啓発活動を行って食い止めようとする動きもみられ、効果も出ています。睡眠時間についても、日本学校保健会『児童生徒の健康状態サーベランス事業報告書』の 2014 年度版と 2018 年度版とを比較すると、小学校の睡眠時間は 2018 年度版のほうが約 1 〜 5 分ずつ長くなっています[25]。

　幼児期の睡眠習慣は、以上のように、身体的健康の基礎になるだけでなく、精神的健康を良好に保ち、体力を向上させ、活動意欲を引き出し、学びに向かう力を育てていくうえで非常に重要です。

　生活リズムを整える取り組みは、多くの園で以前から行われてきましたが、近年は、「早寝早起き朝ごはん」全国協議会[26]など、現在、文化団体やスポーツ団体、経済界も巻き込んで調査や研修会が行われています。今後、多くの保育・教育現場や家庭・地域に広がっていくことが望まれます。

（4）排泄

　排泄は、「出てしまう」という状態から、「する」という能動的・主体的な行動に変化していくものであり、その自立は、人間にとって人間らしく生きるための第一歩です。秋田（2019）は、乳幼児期の排泄の自立への道のりは、「失敗を許すことであり、どうにもならないハプニングを受け入れることであり、時には失敗の後始末に泣き笑いの感情が生まれることを覚悟し、その関係を引き受けることである。」と述べています[27]。文化や社会の違いによって排泄の環境に違いがあるだけでなく、尿意の自覚や排尿反射の抑制機能の発達には、個人差があり、強制したりせず、子どもの状態に合わせて働きかけていくこと

が必要です。

　夜間は、生後6、7か月頃からまとめて睡眠をとるようになり、単相性睡眠に近づくにつれて睡眠中の尿量が減少し始めます。そして、それにともなって膀胱にたまる尿量が少しずつ減少します。

　排便行動も神経系の発達と関連があります。1歳を過ぎた頃から大脳皮質の機能が整って、便意を感じるようになり、2歳頃には排便の予告ができるようになります。しかし、2歳頃から4歳頃は、出てしまってから変な顔をして保育者を見たり、どうもにおうと思って本人に聞いても「でてない、でてない」と言い張ったりすると、自立は一進一退を繰り返します。意思によって排泄の調整を行えるようになるのは4歳頃になります。しかし、第1節で指摘したように、排泄の自立の達成率が幼児期では下がっていることも事実です。幼児の自尊心を傷つけないよう配慮しながら、自立に向けて意欲を引き出していくことが大切です。

　保育所では、歩行や言葉を獲得しており、排尿間隔が2時間程度あくようになったら、オマルやトイレに座ります。排尿できたときには、「おしっこでたね」と声をかけ、それを見ながら、自分でできたという感覚と褒められた経験を味わい、次への意欲につなげていくことが重要です。2時間以上の間隔でトイレやオマルに誘ってみて、半分以上成功したら、日中のおむつを徐々にはずして、パンツにします。

　水野（2019）は、1歳児クラスの子どもたちが少しずつトイレに慣れていく中で、トイレでできた喜びを表現する姿を次のように紹介しています[28]。

　まさかずくん（2歳2か月）は、3、4か月前まではトイレに誘っても嫌がり入っていかなかったが、みんなが普通にトイレに行くのを見て、今では行くようになっていた。…（省略）

　その日も落ち着いて座っていたので、他の子の様子を見てからまさかずくんを見ると、いつになくジーッとおちんちんを見ている。すると、おしっこがチョロチョロと出た。

　私は思わず、「出たー！」と叫んで大喜びしてしまう。まさかずくん、私を見上げてニッコリ。私「まさかずくん、すごい。トイレでおしっこできたの!?」と拍手、まさかずくんもうれしそうに笑っている。そこへ、一人の子がトイレの前を通り過ぎようとした。その途端、まさかずくんが、その子の背中をやさしく押して、"どうぞ"とばかりにトイレに入ることをすすめた。よっぽどうれしかったのか、このすばらしいトイレに"どうぞ入ってください"と誘い入れているようだった。

　その子がトイレに座ったことを確認したまさかずくんは、満面の笑みでトイレから出て、お兄さんになった気分だったのかな？得意気にいつもより早くパンツとズボンも一人ではいていた。

　1歳児クラスの子どもも、タイミングがピッタリ合うと、自分のおしっこと出会うことができます。まさかずくんにとっては初めての出会い。とても新鮮な驚きと喜びが伝わってきます。そして、そうした喜びは、他者と分かちあいたくなるものです。排泄の自立を進めていくことは、単に大人の手間を減らすための取り組みではなく、子どもが対象と向きあいながら学び、他者と喜びを分けあって希望をもつ極めて重要な保育なのだと思われます。

　幼児期から児童期にかけて、便秘になる子どももいます。**図3-7**のように、毎日排便のある小学生は男子71.5％、女子53.3％と、女子のほうが低く、小学校1・2年生の女子は、43％が毎日は出ていません。排便で大切なのは、①食事と②運動と③排便リズムです。朝、水分とある程度の重さのある食事をとり、「胃－大腸反射」を起こして、登園・登校する前に排便するリズムをつくっていくことが大事ですが、登園・登校した後で腸が動き出すこともあるでしょう。個別的な配慮が施された安心できるトイレ環境が工夫されることも重要です。

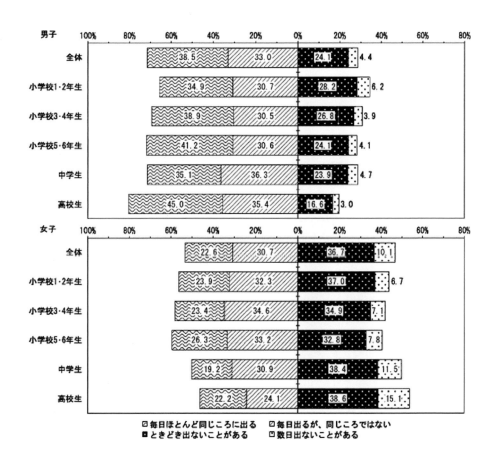

図3-7　排便の習慣

出典：日本学校保健会（2018）平成28〜29年度児童生徒の健康状態サーベイランス事業報告書[29]

（5）着脱

　着脱は、生活習慣の中でも、自立に向かうために操作の技術や技能を獲得することが求められるものです。乳幼児にとっての着脱の意義とその指導のあり方は以下の通りです[30]。

　第一に、着脱は、乳幼児の生活にメリハリのある生活リズムをつくり出します。起きたときに、パジャマから活動着に、眠る前には（あるいはお風呂からあがったら）パジャマに着替えることは、遊びや眠りに向かうための雰囲気づくりをし、意識の変容を促していると考えられます。もちろん、夏場は汗をかくため、同じパジャマを毎日着ることはありません。

　第二に、汚れたら脱いで洗ってあるものを着るという行為は、衛生上の観点からだけでなく、清潔感を育てます。

　第三に、気温、天候、子どもの体調などによって、衣服の枚数や組み合わせなどを変えることで、子どもの体温調節を助けます。また、衣服を一度脱いで外気に触れることで、乳幼児の皮膚の鍛錬にもなります。

　第四に、衣服の形状、ボタン、ホック、ひもなどに取り組む機会をもつことによって、巧みな操作能力を育て認知発達を促します。たとえば、Tシャツは、前・後、右・左、上・下、表・裏という空間認知能力が必要です。以前、2歳児の着脱活動を観察していたときに、着脱を何度も繰り返している場面に遭遇したことがあります。前身ごろにお気に入りのキャラクターが描いてあって、それを見ていたいからといって、見ながらTシャツを着ると、そのキャラクターは後ろに行ってしまいます。「あれっ」と気がついて脱いでまた着るのです。微笑ましい光景ですが、このような試行錯誤を通して幼児は空間認知能力を育てていきます。また、パンツをはくという操作は、一本の足を一方の穴に通し、もう一方の足をもう一方の穴に通すという「可逆操作」（田中，1980）[31]を伴う行為です。18か月児ではほとんどの子どもが一つの穴に足を2本とも通してしまうのですが、24か月になるとこれを容易に操作するようになります。

　乳幼児期の着脱の自立に向けた援助は、以下の4つを基本とします。

　第一に、着る・脱ぐ・履くといった行為の手順をわかりやすく見せながら、その意味を理解できるようにします。特に3歳未満児では、着ることへの興味をどう引き出すかが重要になります。着せてもらっていた習慣を着るという習慣に変化させていくためには、その活動が魅力ある活動にみえる必要があります。

　そのためには、第二に、遊び心をもって気づくことが必要です。たとえば、

1歳10か月のYちゃんがパンツを持ってきてはこうとして、足を2本とも一つの穴に入れてしまったときに、「あれあれ、こっちのトンネルからあんよ出てこないねえ」「どこいっちゃったかな?」と探し、一方の足を穴に入れ、「あれ、あんよ、でてきたよ、シュポッポー」と言葉をかけて楽しむ事例があります。大人がパンツを持って追いかけまわすのではなく、向き合って楽しむ余裕が必要です。

　第三に、間をつくってかかわるということです。前述の遊び心も一つの間です。直接的一方向的なかかわりではなく、あいだに時間的空間的ゆとりをもってかかわることが重要です。

　第四に、見通しを育てることです。着脱は、その技術がある程度習得される2、3歳頃になると、誘ってもなかなか乗ってこなくなりますが、「おやつを食べるからこれを着ようね」「これを着たら○○に行こうね」などと、その先の見通しを指し示しながら言葉をかけると、スムーズに行動できるようになります。

(6) 清潔

　清潔の習慣には、「手を洗う」「鼻をかむ」「うがい」「歯を磨く」などの行動があります。「遠城寺式・乳幼児分析的発達検査表」[32]では、「顔をひとりで洗う」が3歳4か月、「鼻をかむ」が3歳8か月、「入浴中、ある程度自分で体を洗う」が4歳という目安ですが、実際には、個人差があり、この通りになるとは限りません。特に、大人がやってあげてしまう生活を送っている場合には、必要性を感じず、自分でやってみようという意欲も起きにくくなります。また、たとえば、鼻をかめるようになるのは4歳代だとしても、1歳代から見よう見まねで鼻をふきはじめます。自立心を育てつつ、他児や保育者とのかかわりの中で取り組めるよう工夫することが必要です。

　なお、「うがい」は、「ブクブクうがい」という口に水を含んですすぐうがいと、喉までもっていって口腔内全体をきれいにする「ガラガラうがい」とがありますが、幼児では「ガラガラうがい」はまだ難しいようです。「ブクブクうがい」は食後の歯磨きとともに、多くの保育所・幼稚園で取り組まれています。

(7) 社会的生活習慣

　保育の中で日々繰り返される取り組みは、子どもたちの中に、規範意識の芽生えや協同性を育てます。「片づけ」は、1歳前後から保育者や他児のまねをして箱の中におもちゃを入れたりするところから始まります。「出す」という行為よりも、何かに「入れる」ことや定位置に「おく」「しまう」という行為のほうが難しいというのは、大人も同じです。本章の冒頭でみられた「袋の中

に入れられない」「物を探せない」という幼児の事例は、物が拡散していくという現象を食い止めることができない、ある意味で意欲と経験と技術が求められる行為であったことがわかります。

　秋山・堀口（2006）は、津守・稲毛（1961）による調査の通過率（1997年）を1961年調査、1989年調査と比較し、「物を片づけるのを手伝う」（18か月）が、74.4％、60.2％、34.9％と、減少していると報告しています[33),34)]。ちなみに、この調査では、同じ18か月で、「おしっこしたあとで知らせる」は72.8％、48％、35.4％、「みかんなどの皮をむいて食べられる」が41.7％、33.2％、13.6％、「洋服のスナップを自分ではずす」は32.2％、23.4％、10.1％と下がっています。調査対象のきょうだい関係や地域差など精査する必要はありますが、いずれにしても、家庭の中でやろうとする機会が保障されていないことや他者とのかかわりの中で育つ機会が減少しているということはいえるでしょう。

　幼児期に入ると、自分が使ったものを片づけるだけでなく、みんなのものを片づけたり、なくなったものを一緒に探したりすることもあります。集団遊びの中で起こったトラブルを解決するために話しあったりルールを考えあって決めたりする経験も、社会的生活習慣の形成に影響を与えます。自分ができることを自分でする、そのことが、誰かの役に立つという経験を通して自己肯定感や貢献感が育っていくのではないでしょうか。

まとめ

　乳幼児期において、生活習慣は、やってもらう活動から、自らやってみる活動に変化していきます。乳幼児は大人に働きかけられながら、その意義を理解したうえで、徐々に技術を身に付けていくのですが、そのためには、まずは、やってもらって心地よかった、嬉しかった、美味しかったという感情面での経験が必要です。そうした心地よさ、嬉しさ、美味しさ、楽しさを他者と共感し、自ら生活を営む力に変えていくことが、将来自立した生活者となるうえで重要なのではないでしょうか。そうした生きる力を育てていくことが保育・幼児教育であり、生活習慣形成はその礎になるといえます。

（齋藤　政子）

【引用・参考文献】

1) ベネッセ教育総合研究所（2016）第5回幼児の生活アンケートレポート2016年.
https://berd.benesse.jp/jisedai/research/detail1.php?id=4949（2019年11月3日閲覧）

2) 大木みわ（2000）. 自分のからだを大切にできる子.『児童心理』臨時増刊740号, 金子書房, 15-23.

3) 桐井尚江（2017）. 現場でみる子どもの「からだのおかしさ」. 子供のからだと心白書2017. 子どものからだと心連絡会議, 11-12.

4) National Sleep Foundation（NSF）
https://www.sleepfoundation.org/articles/how-much-sleep-do-we-really-need（情報取得2019年9月28日）.

5) 冬木春子・佐野千夏（2013）. 母親の就労が幼児の生活習慣に及ぼす影響. 日本家政学会誌. Vol.70, No.8, 512-521.

6) 日本学校保健会（2018）. 平成28～29年度児童生徒の健康状態サーベイランス事業報告書. 図5-3-1睡眠時間の平均値, 図5-6-1睡眠不足を感じている者の比率
https://www.gakkohoken.jp/book/ebook/ebook_H290070/index_h5.html#54（2019年9月28日閲覧）

7) 尾崎米厚（研究代表者）他（2018）. 飲酒や喫煙等の実態調査と生活習慣病予防のための減酒の効果的な介入方法の開発に関する研究　平成29年度報告書.
厚生労働科学データベース
https://mhlw-grants.niph.go.jp/niph/search/NIDD00.do?resrchNum=201709021A

8) 盛一享徳他（2019）. 子どもの適切な生活習慣形成等に関する調査研究. 厚生労働省　平成30年度子ども・子育て支援推進調査研究事業.

9) 金田利子・齋藤政子（2009）第二部第1章2子どもの発達と生活.（編集代表）金田利子他. 高等学校家庭科教科書『家庭総合―明日の生活を築く―』. 開隆堂, 42-55.

10) 宍戸健夫（1982）. 宍戸健夫・村山祐一（編著）. 保育計画の考え方・作り方. あゆみ出版, p48.

11) 齋藤政子（2017）. 子どもを取り巻く環境と発達. 齋藤政子（編著）. 安心感と憧れが育つひと・もの・こと―環境との対話から未来の希望へ―. 明星大学出版部

12) 塩崎美穂（2016）. 子どもとつくる3歳児保育―イッチョマエが誇らしい―. ひとなる書房, 51-58.

13) 厚生労働省（2015）. 平成27年度乳幼児栄養調査結果の概要
https://www.mhlw.go.jp/stf/seisakunitsuite/bunya/0000134208.html（2019年9月30日閲覧）.

14) 金田利子・井坂政子（1990）. 1歳児の食事における保育者と子どもの関係. 金田利子・柴田幸一・諏訪きぬ（編著）母子関係と集団保育. 明治図書, 92-107.

15) 佐々木正人（編著）（2008）. アフォーダンスの視点から乳幼児の育ちを考察. 小学館, 5.

16) 河原紀子（2008）. 道具使用の世界が始まる乳児期. 都築学（編）やさしい発達心理学. ナカニシヤ出版, 36-52.

17) 大瀬良知子・山本千尋・千家梨華・小林美佐子・土江節子・栗原伸公（2018）. 幼児の箸の持ち方と母親の箸の持ち方・箸に対する意識との関連性. 日本食育学会誌. 第12巻第1号, 19-25.

18) 小西行郎・吹田恭子（2003）. 赤ちゃんパワー～脳科学が明かす育ちのしくみ～. ひとなる書房, 75-77.

19) 太田英伸（2019）. 睡眠と環境. 秋田喜代美（監修）. 乳幼児の発達と保育―食べる・眠る・遊ぶ・繋がる―. 朝倉書店, 66-79.

20) 小西行郎・吹田恭子（2003）. 赤ちゃんパワー～脳科学が明かす育ちのしくみ～. ひとなる書房, 80-81.

21) 服部伸一・足立正・嶋崎博嗣・三宅孝昭（2004）. テレビ視聴時間の長短が幼児の生活習慣に及ぼす影響. 小児保健研究, 第63巻, 第5号. 516-523

22) 内閣府（2017）. 低年齢層の子供のインターネット利用環境実態調査　調査結果（概要）.
https://www8.cao.go.jp/youth/youth-harm/chousa/h28/net-jittai_child/pdf/gaiyo.pdf（2019年10月1日閲覧）

23) 江村実紀・水野眞佐夫（2016）. 小学生における睡眠習慣の違いがメンタルヘルスと体力に及ぼす影響について. 北海道大学大学院教育学研究院紀要. 第126号, 171-187.

24) 国立教育政策研究教育課程研究センター「全国学力・学習状況調査」

http://www.nier.go.jp/kaihatsu/zenkokugakuryoku.html （2019 年 10 月 1 日閲覧）.

25)　日本学校保健会（2014）平成 26 年度児童生徒の健康状態サーベイランス事業報告書. 図 5-3-1　睡眠時間の平均値.

26)　「早寝早起き朝ごはん」全国協議会 http://www.hayanehayaoki.jp/index.html（2019 年 10 月 1 日閲覧）.

27)　秋田喜代美（2019）. 保育の豊かさを支える排泄の時間. エピソードでたどる排泄の自立と保育−近道・まわり道−. ひとなる書房, 113-117.

28)　水野佳津子（2019）. きみもどうぞ. エピソードでたどる排泄の自立と保育−近道・まわり道−. ひとなる書房, 21-22.

29)　日本学校保健会（2018）. 平成 28 〜 29 年度児童生徒の健康状態サーベイランス事業報告書. 図 5-8 排便の習慣.

30)　井坂政子（1988）. 乳幼児の生活活動の発達的意味について−1 歳児の着脱活動の分析から−. 第 41 回日本保育学会発表論文集(松本園子他(編著)『実践・乳児の生活と保育─資料と解説─』2001 年に所収されている。)

31)　田中昌人（1980）. 人間発達の科学. 青木書店. p150.

32)　遠城寺宗徳・合屋長英（2004）. 遠城寺式乳幼児分析的発達検査法（九大小児科改訂版）, 慶応義塾大学出版.

33)　秋山千枝子・堀口寿広（2006）. 津守・稲毛しきによる現代っ子の発達の特徴（第 1 報）1961 年, 1989 年と比較して. 第 65 巻第 2 号, 331-337.

34)　津守真・稲毛敦子（1961）. 乳幼児精神発達診断法─0 才〜 3 才まで. 大日本図書.

第4章

幼児期の発達障害

本章の目標
・在籍割合の高い発達障害について正しく理解する
・早期の気づきと早期支援がとても大切であることを理解する
・就学前施設および家庭での支援が最も重要であることを理解する

1 発達障害の種類と出現頻度

（1）発達障害の種類と概要

　発達障害者支援法は、発達障害のある人たちのために、2005年4月1日に施行され、2016年8月1日に改正法が施行されました。第1条（目的）において、「個人としての尊厳に相応しい日常生活・社会生活を営むことができるように発達障害の早期発見と発達支援を行い、支援が切れ目なく行われることに関する国及び地方公共団体の責務を明らかにする。」と記されています（アンダーラインは筆者加筆）。このアンダーラインの部分が、改正法で新たに加筆された部分です。元来、早期発見と発達支援の重要性は指摘されており、ここでいう早期とはまさしく本書を読んでいる皆さんが対象としている、就学前の時期を指しています。その重要性は、子どもたちがこれから進むべき人生において、個人としての尊厳に相応しい生活を送るためであると、強調されました。また、その後の支援が切れ目なく行われるためには、小学校への情報提供をスムーズに進めることが求められています。

　さらに、第2条（定義）では、発達障害とは、「自閉症、アスペルガー症候群その他の広汎性発達障害、学習障害、注意欠陥多動性障害その他これに類する脳機能の障害であってその症状が通常低年齢において発現するもの」と示されています。もっとわかりやすく、現在用いられることが多い用語で示すと、

自閉スペクトラム症（以下、ASD）、注意欠如・多動症（以下、ADHD）、学習障害（以下、LD）に加えて、知的発達症（以下、IDD）・発達性協調運動症（以下、DCD）などが含まれます[i]。さらに定義において、発達障害者とは、「発達障害がある者であって、発達障害及び<u>社会的障壁</u>により日常生活又は社会生活に制限を受けるもの」（アンダーラインは筆者加筆）と記されています。皆さんが対象としている就学前の低年齢の幼児は発達障害児として定義されています。新たに加筆された「社会的障壁」という中には、環境要因が含まれ、そこには指導者である皆さんが子どもの困難に気づかなかったり、適切な支援が提供できなかったりした場合に、「社会的障壁」になりうることを述べており、発達障害児への気づきと支援に細心の注意を払っていただきたいです。

　本章では自閉スペクトラム症（ASD）、注意欠如・多動症（ADHD）、学習障害（LD）について述べます。

1）自閉スペクトラム症（ASD）

　これまで、自閉症、広汎性発達障害、アスペルガー障害などと呼ばれていた子どもたちについて、「精神疾患の診断・統計マニュアル第5版」（DSM-5）においてまとめられた呼称です。簡単にいうと、ローナ・ウィングが提唱したウィングの「三つ組」（社会性・対人関係の障害、言語・コミュニケーションの障害、想像力の障害）に、新たにDSM-5における感覚過敏／鈍麻が診断基準として加わったものと考えられます。

2）注意欠如・多動症（ADHD）

　不注意を中心症状とするグループと多動性・衝動性を中心症状とするグループが存在し、さらに両者を併せ持つグループの存在が指摘されています。一般に動きの多い多動のグループに注意がひかれがちですが、不注意のグループがあることも忘れないでいただきたいです。ただし、幼児期においては、不注意が中心のグループについてはなかなか気づきにくいことも事実です。また、幼児期でも3〜4歳の場合、動きが多いこと自体が病的か否かを判断することが

---

i　**発達障害の用語について**

　2013年にアメリカ精神医学会が発表したDSM-5において、発達障害に代わる用語として、神経発達症群あるいは神経発達障害群という用語を提唱しました。今後は神経発達症群という用語が主流になると思われますが、現時点では発達障害の方がなじみがあるため、本書ではそちらを使用しました。DSM-5では、自閉症関連の用語として、それまで用いられていた、広汎性発達障害、自閉性障害、アスペルガー障害といった用語をまとめて、自閉スペクトラム症（ASD）として表わすことにしました。ADHDに関しては、英語表記は変わりませんが、日本語訳が注意欠如・多動症あるいは注意欠如・多動性障害と表記されることになりました。学習障害に対しては、限局性学習症あるいは限局性学習障害という用語が当てられていますが、現時点では学習障害という用語が広く用いられているようです。

難しいこともよく遭遇することで、その判断には注意を要します。

3）学習障害（LD)

　全般的な知的発達が遅れていないにもかかわらず、読み・書き・算数など一部の能力に困難を示す子どもたちを指します。学力の遅れとして現れることが多く、詳細に検討しなければ、教員であっても見逃してしまう存在です。ただし、幼児期には、読み・書き・算数を活動の中心に据えることはほとんどないため、実際には小学校入学後に顕在化してくることが予想されます。

（2）発達障害の出現頻度

　正確な診断基準に沿った発達障害の出現頻度についての詳細な報告はありませんが、ここでは小学生・中学生を対象にした文部科学省の調査結果と就学前の5歳児健診時に行われた小枝らの結果を示します。

1）文部科学省（2012年）の調査から[1]

　全国（岩手、宮城、福島の三県を除く）の公立の小学校ならびに中学校の通常学級を対象として、無作為に抽出された児童生徒について、教員に対するアンケート調査を行い、学習面ならびに行動面（ⅠおよびⅡ）に困難を示す割合を算出したものです。行動面Ⅰとは「不注意」および「多動性−衝動性」を、行動面Ⅱとは「対人関係やこだわり等」を対象としています。医学的な診断ではないものの、使用されたアンケート内容から、学習面の困難を示す児童生徒はLDが、行動面Ⅰおよび行動面Ⅱに困難を示す児童生徒は、それぞれ

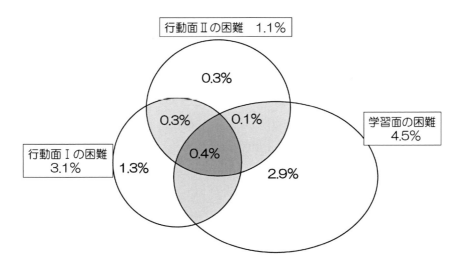

図4-1　通常学級に在籍する特別な教育的配慮を必要とする子どもたちの割合
（学習面あるいは行動面のいずれかに困難を示す児童生徒は6.5%であった。
円が交わっている部分は、それぞれの併存を示す。中央の0.4%の児童生徒は
3つの困難を併せ持っていることを示す。引用文献1）参照）

ADHD および ASD が疑われました。

　その結果、学習面に困難を示す児童生徒は 4.5％、行動面 I に困難を示す児童生徒が 3.1％、行動面 II に困難を示す児童生徒が 1.1％の割合で、通常学級に在籍する可能性があることが示されました（**図 4-1**）。全体では、いずれかの困難を示す児童生徒が 6.5％という割合で通常学級に在籍する可能性があることが示されました。この結果はすべての通常学級に、このような特別な教育的配慮を必要とする児童生徒が在籍することを示しています。

　もちろんこれらの子どもたちは、小学校入学後に突然このような症状を示すわけではなく、就学前の幼児期から示していたと考える方が適切です。

2）5歳児健診における調査から[2]

　小枝らは、鳥取県における 5 歳児の健康診査時に行った調査から、ADHD・ASD・LD・IDD の出現頻度について報告しています。それによると、ADHD が 3.6％、ASD が 1.9％、LD が 0.1％、IDD が 3.6％という結果でした。前述したとおり、幼児期には学習課題が少ないため、LD の割合が就学期を対象とした文部科学省の調査に比べると圧倒的に低いことは興味深い結果です。幼児期には LD に対してはあまり注意を払いすぎる必要はなく、行動面が困難の中心となる ADHD や ASD に注意を向けておく必要があることを示しているようです。

　文部科学省（2012）の調査と比較した場合に、LD に関する頻度には大きな差があるものの、そのほかの ADHD や ASD に関しては大きな差を認めなかったことも興味深い結果といえます。小学校や中学校で認められる子どもたちの特徴の中で、特に行動面の困難を示す子どもたちにおいては、就学前の時期にすでにその症状が認められていたことが明らかになったからです。これらの結果から、就学前の時期であっても年少・年中・年長の時期であれば、各クラスに少なくとも一人は発達障害が疑われる幼児が在籍していることになり、すべての指導者にとって必ず直面する課題であることがわかっていただけると思います。その意味からも、すでに述べたように、読者の皆さんが子どもたちの「社会的障壁」となることのないように注意していただきたいです。気づけていないこと自体が、すでに「社会的障壁」になっている可能性があるということを心に留めておいてください。

　そこで、これまでは「なんとなく変わった子」「なんとなく不思議な子」と思われていた子どもたちについて、実は発達障害という特性をもっていたのかもしれないと考えなおすことは重要です。というのも、これからの長い将来を

生きていく子どもたちの人生の早期において、その生きづらさに気づき、早期に支援を提供することで、少しでも生きやすくしていくことは、自尊感情が守られるという点からもとても大切な視点であると考えます。

2 幼児期における発達障害の詳細と診断基準

これまでにも述べてきたように、幼児期において発達障害に早期に気づき、早期に支援を提供することはとても重要なことです。そのためには、発達障害の特徴を十分に知っておくことは欠かせません。以前、発達障害については、「気づきにくい」「気づかれにくい」子どもたち、と呼ばれたこともありました。特に、多動やパニックのような外面から認知できる症状がなければなおさら気づくことが困難です。ここでは現在の臨床で用いられている診断基準（主としてDSM-5）を通して、気づきにいたる特性について述べます[3]。周りの子どもたちと比べて、「あれ？何かが違う」と感じたときに思い出してもらいたいリストです。医師が用いると診断になるのですが、医師ではない皆さんの場合、判断の基準として活用していただきたいです。その際の注意点として、一人の独断で判断するのではなく、職場の同僚あるいは上司とともに判断することが望まれます。

(1) 自閉スペクトラム症（ASD）

これまで、自閉症（知的発達症を伴わない高機能自閉症を含む）、自閉性障害、アスペルガー障害、広汎性発達障害（高機能広汎性発達障害を含む）などと呼ばれてきた子どもたちのすべてを包含する呼称です。したがって、診断をつける際にはとても使用しやすい用語ではあるのですが、知的な遅れを伴うのか、どのようなこだわりがあるのか、どのような強みをもつのか、などの子どもが示す特性については全く表していないため、具体的な特徴を添えて情報を伝える必要があります。

1) 診断基準

DSM-5に準拠して記載しますが、実際の症状を中心に述べます。ここに挙げた症状はあくまでも一部であることを留意しておいてください。

A．社会的コミュニケーションおよび対人的相互反応

　1．相互の対人的－情緒的関係の欠落

　　　・他の子どもや大人に対して必要以上に接近する

　　　・通常の会話のやり取りができない

　　　・物への興味や楽しい／悲しいなどの感情を共有することが少ない

　　　・社会的なやり取りを自分から始めたり、応じたりすることができない

　　　・言葉を字義通りに解釈する（冗談が通じない）

　2．非言語的コミュニケーションを用いることの欠陥

　　　非言語的コミュニケーションとは、言葉を用いないコミュニケーションのことで、視線／表情／しぐさ／声の大きさやトーンなどから、相手の様子や気持ちを判断することを指します。

　　　・言語的および非言語的コミュニケーションのまとまりが悪い

　　　・視線が合わない／合いにくい

　　　・身振りを理解することが難しい

　　　・身振りを使うことが難しい

　　　・顔の表情を読むことが難しい

　3．人間関係を発展させ、維持し、それを理解することの欠陥

　　　・社会的状況にあった行動に調整することの困難さ

　　　・ごっこ遊びが難しい

　　　・仲間に対する興味の欠如

　　　・友人をつくることが難しい（一人遊びが多い）

B．行動、興味または活動の限局された反復的な様式

　1．情動的または反復的身体の運動、物の使用、または会話

　　　・同じものをたたき続けるなどの単調な常同行動

　　　・好きなおもちゃをいつも同じように一列に並べる

　　　・言われた言葉や自分が好きな同じ言葉を繰り返す（反響言語）

　　　・独特な言い回しをする

　2．同一性への固執、習慣への頑なこだわり、または言語的、非言語的な儀式的行動様式

　　　・いつものやり方と少しでも異なると怒ったり泣いたりする

　　　・行動の切り替えがスムーズにいかない

　　　・考え方が硬く、柔軟性に欠ける

　　　・あいさつはできても儀式的なやり方を使う

　　　・毎日同じ道を通り、同じものを食べることへの固執

　3．強度または対象において異常なほど、きわめて限定され執着する

　　　・一般的ではない対象への強い愛着（石ころ、気象、昆虫、古いタオルなど）

　　　・過度に限局したまたは固執した興味

　4．感覚刺激に対する過敏さまたは鈍感さ、または環境の感覚的側面に対する並外れた興味

　　　・特定の音／触感／においなどに過度に反応する

　　　・痛みや体温に無関心のように見える

　　　・対象になるものを過度に嗅いだり触れたりする

　　　・光または動きを見ることに熱中する（太陽を見ながら、目の前で手をひらひらさせるなど）

　A領域3項目とB領域4項目について、DSM-5では、A領域は3項目すべて、B領域は4項目中2項目を満たすことが、ASDの診断には必要な項目であると述べています。また、すべての項目において、記されているすべての内容を一人の子どもが示す必要はなく、それぞれの項目の中の半数以上を示さない子どもも多いです。一つでも二つでも症状を示せば、その項目は陽性と捉える考え方が大切になります。さらに、これらの症状は発達早期にみられなければならない、とも記されています。また、社会生活や仕事、その他の重要な領域で大きな支障をきたしている必要があり、幼児の場合であれば、他児と遊べなかったり、他児と同じような行動ができなかったり、パニックを起こして指導者を頻繁に困らせたりといった内容も含まれます。なかには、ASDの症状のために不登園状態になることもみられますので注意が必要です。

（2）注意欠如・多動症（ADHD）

　DSM-5によると、不注意症状を中心とする場合、多動性／衝動性症状を中心とする場合、さらに両者を併せ持つ場合が示されています。不注意症状が中心の幼児に気づくことは至難の業であり、また学習する場面も少なく、不注意症状が子どもに及ぼす影響は、小学校高学年に比べると小さいと考えられます。したがって、本章では多動性／衝動性が中心の場合を主として述べます。診断基準には9項目が挙げられており、そのうち6項目を満たせばADHDを疑うという設定になっています。しかしながら、実践の場面では5項目までしか満たしていなくても、指導者にとっては十分気になる子どもであることも多いのが実情です。筆者は、実際の診療においては4項目以上満たした場合、ADHDを念頭に置きながら診察に当たっています。

　ただし、この診断基準は7歳以上の就学児童を対象にしているため、幼児にはあてはめにくい項目があること、さらに診断をしたとしても投薬が行えるのは保険適応上6歳以上であることから、幼児においては診断にとらわれることが、必ずしも有用とはいえません。それよりも、診断基準に挙げられた症状が複数認められ、日常生活で困っている（あるいは周囲を困らせている）場合には、ADHDも念頭において対応していくことが重要です。

【診断基準】
　A．多動性／衝動性の症状が中心の場合
　　・椅子に座っていても手足を動かしたりトントンたたいたりする
　　・椅子に座っていることを求められる場面でも離れてしまう
　　・不適切な状況で走り回ったり高いところへ登ったりする
　　・静かに遊んだりすることが難しい
　　・まるで"エンジンで動かされているように"行動する
　　・しゃべりすぎる
　　・質問が終わる前に許可もなく答え始める
　　・自分の順番を待てず横入りする
　　・大人や子ども同士の会話に無理やり割り込み妨害する
　B．不注意の症状が中心の場合
　　・活動を行う際に綿密な注意ができず、ケアレスミスをする
　　・一つの遊びに集中する時間が他児より明らかに短い、次々と新しい遊びに向かう
　　・話しかけられているのに、聞いていないように見える
　　・指示に従うことができず、課題を最後までやり遂げることが難しい（中途半端）
　　・遊びや活動を順序だててすることが難しい
　　・遊びや活動に必要なものをよくなくす
　　・他からの刺激によってすぐに気が散る
　　・歯磨き／手洗い／着替えるなどの日常の活動を忘れやすい

（3）学習障害（LD）

　ここでは、1999年に文部科学省（当時は文部省）が採用した、LDの定義を用います。DSM-5では限局性学習症という名称に変更になりましたが、実践においてLDの用語のほうがまだまだ多く使用されているため、こちらを使用しています。

　「学習障害とは、基本的には全般的な知的発達に遅れはないが、聞く、話す、読む、書く、計算する又は推論する能力のうち特定のものの習得と使用に著しい困難を示す様々な状態を指すものである。学習障害は、その原因として、中枢神経系に何らかの機能障害があると推定されるが、視覚障害、聴覚障害、知的障害、情緒障害などの障害や、環境的な要因が直接の原因となるものではない。」と定義されています。

　基本的には、話し言葉・読み書き・算数における困難を示しており、就学前の子どもたちでは話し言葉が少し関係する程度です。もちろん、小学校でLDを示す子どもたちは、就学前の時期でも同様の特性をもっているはずであり、早期にLDの特性に気づくことができればとても有用な情報になります。たと

えば、しりとり遊びが困難な子どもたちの場合、音韻をしっかり認識することができないためと考えられており、小学校入学後に読み書きに関する困難を示す確率が高いともいわれています。そのような場合、発達障害者支援法にも書かれているように、就学前に得られた情報をうまく小学校へつないでいく工夫が必須です。今後、しりとり遊び以外にも LD を疑わせるような症状が、就学前の時期に見つかることがあれば、小学校入学前に支援の準備ができることになり、その子どもにとっては大きな助けになります。

3　発達障害の原因

（1）ASD：「心の理論」課題を中心に

現時点でさまざまな原因が想定されており、まだ結論づけられていません。あるいは ASD には複数の原因が存在しており、それらが同様の症状を示すため、ASD という一つの群を形成しているという考え方もあります。

認知面からの原因としては、言語・認知障害説、社会・情緒障害説などがありますが、ここでは「心の理論」課題障害説について述べます。「心の理論」とは、サイモン・バロン＝コーエンが提唱した概念で、「他人の心を推測する」という人の心の働きの一つです。この機能は人が生まれながらにして備えているのではなく、成長とともに獲得されるといわれています。

「心の理論」課題を評価する一つの方法として、誤信念課題と呼ばれるテストがあります。誤信念課題は、他者が知っていることと、自分が知っていることを分けて考えられるかどうかをテストするもので、他者が誤った信念をもっているかどうかを見極める課題です。有名な誤信念課題に「サリーとアン課題」があります（図 4-2）。この課題は 3 歳の幼児ではほとんど通過しませんが、5 歳になるとほとんど通過できるという事実から、「心の理論」は 3 歳から 5 歳の間に獲得されると考えられています。ただし、その詳細なメカニズムについてはまだわかっていません。

しかしながら、ASD の子どもではこの誤信念課題をなかなか通過することができないため、ASD の原因ではないかと考えられるようになりました。ただし、ASD のすべての方がこの「心の理論」を通過できないわけではないため、ASD の原因として考えることに否定的な人もいます。これからの研究が待たれるところです。

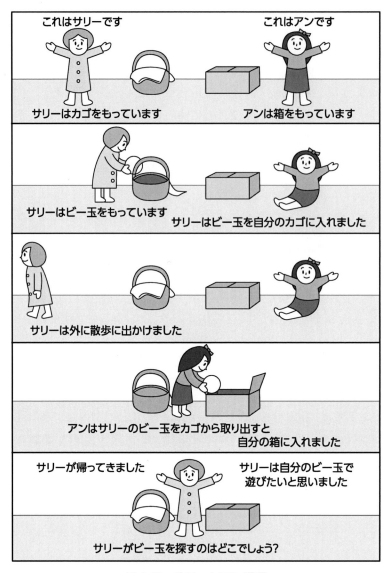

図4-2　サリーとアン課題

（「心の理論」課題を通過できている子どもは、サリーが入れたビー玉が箱に移されているのは知らない、と知っているので「かご」を探すと答えます。一方で、「心の理論」課題が通過できていない、サリーの気持ちが読めない子どもは、ビー玉が「箱」にあるので、「箱」と答えます。）

　その他、脳内の特定の部位である扁桃体異常説、脳内ホルモンの一種であるオキシトシン異常説、神経細胞（ニューロン）の異常説であるミラーニューロン・システムの異常などが提唱されています。

（2）ADHD

　脳内の前頭前野あるいは線条体に分布する神経伝達物質である、ドパミンあるいはノルアドレナリンがうまく機能しないことが原因ではないかと考えられ

ています。そのために定型発達児が行える注意の集中が、年齢に比べると不十分であることが ADHD 症状を引き起こすと考えられています。したがって、子ども本人としてはどうすることもできない機能異常ということになります。ある程度メカニズムがわかってきたことで、ADHD の中核症状に有効な薬物も開発されてきました。しかしながら、6歳未満の子どもでは安全性が確認できていないことから、ADHD の子どもたちに対する、保護者や指導者など周囲の理解と支援がとても大切である理由にもなります。

4　障害ではなく特性という捉え方

　これまで述べてきた ASD、ADHD の症状をみてもわかるように、それぞれの項目の判定には微妙な判断が必要とされることに遭遇することもしばしばあります。その理由としては、それぞれの項目が、症状の有無をはっきりと決められるものではなく、判断が容易でない場合も多いからです。

　DSM-5 の診断基準の翻訳において、「障害」という用語の代わりに「症」という訳を用いていこうという流れもあったことから、両者を並列で記載する方針が取られています（たとえば、ASD の場合、自閉スペクトラム症・自閉症スペクトラム障害の併記です）。その理由としては、「障害」という響きが、当事者ならびに保護者にとって重く感じられるということ、さらには文部科学省の調査結果でも示されたように、ASD、ADHD、LD のいずれかが疑われる割合が 6.5％であり、「障害」と呼ぶには対象となる児童生徒があまりにも多いため、状態という意味で「症」という言葉の使用が検討されたことが予想されます。

　このように考えると、発達障害は「障害」ではなく、「特性」と捉えることもできるのではないでしょうか。ただし、この見解については異論もあると考えています。あえてここでは特性と捉えて、支援について考えてみましょう。自閉スペクトラム症ともいわれるように、発達障害はスペクトラムを形成する連続体であると仮定しますと、**図4-3** のようなシェーマが考えられます。直角三角形の高さを特性の強さとすると、特性がほとんどない人は定型発達と考えられる一方で、特性の大変強い人は障害とも捉えることができるのではないでしょうか。ここでは、障害の考え方を、その特性があるために他人に大きな迷惑を掛けたり、逆に自分に対しては大きな被害を被らせたりする状態と仮定してみます。そうすると、**図4-3** にある A 君と B 君を比較した場合、特性が強い

B君のほうが障害に近い状況と考えられます。しかしながら、それぞれの子どもに与えられた環境や向けられた理解によっては、**図4-4**に見られるように特性の強さは逆転することもあり、そうすると、はじめは特性が弱かったA君のほうが特性が強くなることも起こりえます。実際、学年が変わることで担任や周囲の環境が変化し、子どもの状態が良い方向にも悪い方向にも激変することを経験します。このように、発達障害では環境や理解によって、特性が変化することもしばしば認められることであり、正しい理解とともに、次に述べる支援の重要性を痛感するところです。

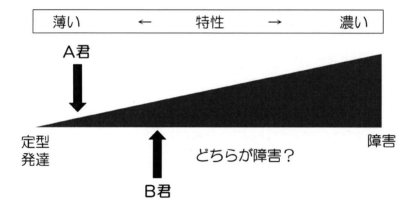

図4-3　発達障害は特性のスペクトラム
（この図では、特性がより濃い、B君のほうが障害に近いと考えられます。）

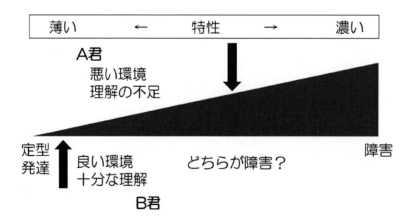

図4-4　発達障害は特性のスペクトラム
（A君には十分な理解がなされず、与えられた環境が悪ければ、特性は右に移動してとても濃い状態になります。一方で、B君には十分な正しい理解と良い環境が与えられたとすると、特性は左に移動し非常に薄くなります。結果として、はじめの状態とは逆になり、A君のほうが障害に近いと考えられます。）

5　発達障害のある子どもに対する支援および連携

　発達障害のある子どもたちは、表面に出てくる症状となかなか表からは見えにくい症状を併せ持っています。表面に出てくる症状は、氷山で例えると水面より上部に出ている部分で見えやすい。その一方で、水面下に隠された症状はなかなか気づきにくいものです。そのためにも、まず子どもに ASD あるいは ADHD のような症状があるのかなと気づけることで、診断には至らないまでも、水面下に隠された症状にまで思いを馳せることができ、適切な支援へと導いてくれる入り口になるのではないかと考えています。本節では、支援をマニュアルのように示すのではなく、子どもの困難な状況が何から起こるのかを指導者が理解することで導かれるであろう、支援について解説していきます。

（1）支援

　それぞれの診断基準に沿って述べていきます。

1）自閉スペクトラム症（ASD）

A．社会的コミュニケーションおよび対人的相互反応

1．相互の対人的－情緒的関係の欠落

　相手の気持ちを読んだり、感情を共有したりすることが苦手なためにおこる症状であり、ことばで説明することが難しいため、視覚的にあるいは具体的に指示を出す方が入りやすいことが多いです（視覚化）。ほしい物があるときに、その絵の描かれたカードを渡すことで意思を伝える方法や、1日のスケジュールを絵カードで順番に示しておき、イベントが終わるたびにそのカードを外していく方法などがあります。文字が読めるようになると、コミック会話と呼ばれる漫画の手法を用いて、話す言葉と考えている内容を文字にして表すことで、理解が深まることもあります。また、子どもが好きなテレビを一緒に見つつ、主人公の表情や気持ちを説明しながら、その時の感情などを共有する試みも有用ではないかと考えます。

2．非言語的コミュニケーションを用いることの欠陥

　表情を読むことが難しい子どもたちのために、表情をシェーマ化して練習する方法があります。パントマイムのように、言葉を使わずに動作を当てるゲームなども、楽しい遊びとして有用かもしれません。

3．人間関係を発展させ、維持し、それを理解することの欠陥

　おそらく ASD の特性の中でも、なかなか上達していくことが難しい分野だと思います。第1章で述べられている、RDI（対人関係発達指導法）による支援が提案されています。

B．行動、興味または活動の限局された反復的な様式

1．情動的または反復的身体の運動、物の使用、または会話

　これらの活動を行う根底には、安心を得るために行っているという考え方があります。いつも同じことが起こり、安心しているのです。それをやめさせるためには、その活動以上に

安心感を与えるものを提供する必要があります。たとえば、子どもがとっても好きなキャラクターを指導者が持っていて、必要な場合に持たせてあげるなどです。

2．同一性への固執、習慣への頑なこだわり、または言語的、非言語的な儀式的行動様式

　　こだわりがあって、活動の切り替えが難しいことがあります。その場合には、急に活動の変更を伝えるのではなく、余裕をもったタイミングで前もって伝える配慮が大切です。また、タイムタイマーと呼ばれる、残り時間が色の大きさでわかるような器具を用いることで、視覚的に確認することが可能になります。

3．強度または対象において異常なほど、きわめて限定され執着する

　　モノへの執着には、大人としては「どうしてこんなモノに？」とあきれてしまうこともありますが、多くの執着は時間とともに変わりますので、危険なモノでなければ、「次はどんなモノに代わるのかな」と余裕をもって対応することも有効なことがあります。危険なモノへの執着があれば、代替品を探すことも考慮しましょう。

4．感覚刺激に対する過敏さまたは鈍感さ、または環境の感覚的側面に対する並外れた興味

　　大きな音に対する敏感さ（聴覚過敏）はよく見かけます。運動会で使用するピストルの音におびえる状況が見られるようであれば、ピストルの代わりに大人の声で「よーい、どん」でも構わないのです。このように避けることができる状況であれば避けるようにして、どうしても避けられないときは、ご褒美などを使って乗り越えることも選択肢の一つです。

2）注意欠如・多動症（ADHD）

　就学前の子どもで目にするのは、多動性／衝動性ですが、不注意を併せ持っていることも多いので、区別なく示します。できるだけ褒めることを考えます。たとえば、今の活動で動いてもよい範囲を、本人にわかるように示してあげます。たとえば、テープを床に貼ったり、つまずかないようにロープを置いたり、などです。そして、その範囲から出たから叱る、のではなく、短い時間でもその中に居られたことを褒めてあげます。指示を出すときには、まず全体に出した後、対象となる子どもにもう一度、一対一で伝えることも有用です。登園後、すぐに部屋で静かな活動に参加させるのではなく、しばらく体を十分に使った活動をしてから、1日の活動に入ることも有効なことがあります。

（2）ESSENCE という考え方

　これはスウェーデンのヨーテボリ大学の児童精神科医のクリストファー・ギルバーグ氏が提唱した考え方です[5]。ESSENCE というのは、英語の頭文字をとったもので、その症状があるために保護者が子どもを医療機関に連れて行ってみようと思わせるような、症状群のことを指します。

1）診断よりも症状を優先する

　就学前の幼児の場合、年齢が低くなればなるほど、一つの診断を下すことが

容易ではないことを経験します。そのような場合、診断を下すことに固執して労力を費やすのではなく、子どもが示す症状から、まずどのようなニーズがあるかを考えます。そのうえで、その子どものニーズに合った指導や支援方法は何かを考えていくのが ESSENCE の基本です。ということは、実践の場において、同僚とアイデアを出しながら支援が行えるということです。その支援によって、子どものニーズが満たされればそれでよいし、うまくいかなければ別の方法をトライするということになります。もちろん、いろいろ試してもうまくいかなければ、園外の専門機関（保健・医療機関など）に紹介することも躊躇してはいけません。

2）どのような症状が対象になるのか

　ギルバーグが提唱した、ESSENCE 質問紙票というものがあり、すでに改訂版が出ていて、それが日本語にも訳されています[6]。子どもが示す課題となる状態あるいは行動を 12 に分けて示しています（**表4-1**）。それぞれの項目について、「ある（○）」「あるかもしれない（△）」「ない（×）」をつけます。一つでも「○」あるいは「△」があれば、その状況を保護者または指導者に詳細に記載してもらい、子どもが何で困っており、どのようなニーズがあるのかを調べていきます。指導者間あるいは保護者との意思の疎通を図る意味においても、ESSENCE という同じ土台の上で議論していくことが、有意義なこともあります。

　子どもが示す症状は時期により異なります。同じ子どもであっても、時期によって示す課題が異なることはよくあります。その点も、一つの診断に固執しないほうがよいという考え方を支持します。さらに、小学校に上がった後も、これら 12 の課題の中で別の項目での課題が明らかになってきたという子どももいます。

表4-1　ESSENCE-Q　改訂版

ESSENCE-Q-REV (Gillberg C 2012)
畠中雄平訳

お子さんの名前:	

年齢:		記入した人:	
性別:		記入した日付:	

以下の項目を読んで、当てはまるものを□の中に記入してください。
- ❖ Y= はい
- ❖ M/AL = たぶん/すこし
- ❖ N= いいえ

お子さんについて、下記の項目の中で、あなた、あるいはあなた以外の人（それは誰ですか？　　　）が
2～3ヶ月以上にわたって**何か気になった(気になっている)**ことがありますか？

1. 発達全般

2. 運動発達

3. 感覚反応（例えば、触れられること、音、光、におい、味、熱い、冷たい、痛み）

4. コミュニケーション、言葉、喃語

5. 活動（活発すぎる／受け身的すぎる）や衝動性

6. 注意、集中、「聞くこと」（聞いていないように見える）

7. 社会的な交流、他の子どもへの興味

8. 行動（反復的である、日課や決まった手順ややり方にこだわる、など）

9. 気分（落ち込む、はしゃぎすぎる、ちょっとしたことでいらいらしやすい、急に泣き出す）

10.　睡眠

11.　食べ物の好き嫌いや食事の仕方

12.　発作（奇妙な動きや姿勢、視線が固定して動かなくなる、突然数秒間意識がなくなる、など）

"はい" "たぶん/すこし"がある場合には、それについて詳しく書いてください。:

出典：畠中（翻訳）（2012）ESSENCE-Q-REV[6]

（3）薬物療法

　現在、ASD、ADHD、LD などの発達障害に対して、それぞれの中核症状に対して有効な薬剤があるのは、ADHD だけといわれています。ASD については、オキシトシンが有効な事例が出てくるかもしれませんが、現在検討中です。また、ASD では中核症状ではなく、睡眠障害・不安・パニックなどに対して対症療法的に使用する薬物はありますが、本書では割愛します。

　そうなると、ADHD に対してのみ中核症状に対して、薬物療法が可能となります。具体的には、現在4剤の薬剤が ADHD に対する保険適応がとれています。発売順に、メチルフェニデート（薬品名：コンサータ）、アトモキセチン（薬品名：ストラテラなど）、グアンファシン（薬品名：インチュニブ）、リスデキサンフェタミン（薬品名：ビバンセ）があります。ただし、4剤ともに、6歳未満では安全性および有効性が確立していない、という文言が添付文書に記載されており、就学前の子どもには基本的には使用しません。

まとめ

　就学前の子どもたちに認められる、発達障害の症状・診断基準・原因・支援および指導などについて述べてきました。最後の項目にもあるように、基本的に就学前の子どもたちに薬物を用いることはありません。したがって、指導者および保護者の支援が最も大切なサポートになります。そしてその前に、子どもたちを正しく理解することが求められます。これらの子どもたちもいずれは大人になり、社会に巣立っていきます。そのためにも、早期に気づき、そして早期に支援を提供することが、子どもの自尊感情を育むためにも重要であることを肝に銘じて、日々の支援を行っていっていただきたいと願います。さらに、園で得られた情報を、保護者の同意を得ながら、確実に小学校へと伝えていく努力を怠らないでください。

（小野　次朗）

【引用・参考文献】
1)　文部科学省初等中等教育局特別支援教育課（2012）．通常の学級に在籍する発達障害の可能性のある特別な教育的支援を必要とする児童生徒に関する調査結果について．
2)　小枝達也「平成18年度　厚生労働科学研究『軽度発達障害児の発見と対応システムおよびそのマニュアル開発に関する研究』」（主任研究者：小枝達也）．
3)　日本精神神経学会（監修）（2014）．DSM-5 精神疾患の診断・統計マニュアル．医学書院．
4)　キャロル・グレイ（著）門眞一郎（訳）（2005）．コミック会話 自閉症など発達障害のある子どものためのコミュニケーション支援法．明石書店．
5)　クリストファー・ギルバーグ（著）畠中雄平（訳）（2013）．和訳 児童精神医学の "The ESSENCE" The ESSENCE in child psychiatry : Early Symptomatic Syndromes Eliciting Neurodevelopmental Clinical Examinations. 治療 95; 1380-1392, 2013.
6)　畠中雄平（翻訳）（2012）．ESSENCE-Q-REV（Gillberg C 2012）
https://gillbergcentre.gu.se/english/research/screening-questionnaires/essence-q（Japanese）．（2020年2月8日閲覧）

Column ④

障害のある子どもの実態

　障害のある子どもは増えているのでしょうか。それとも減っているのでしょうか。児童福祉法（平成30年改正）によれば、障害児とは「身体に障害のある児童、知的障害のある児童、精神に障害のある児童（発達障害者支援法第二条第二項に規定する発達障害児を含む）」と定義されます。そのため、このコラムでは、身体障害、知的障害、精神障害、発達障害のある子どもの人数の推移を確認することにします。

　図1は、障害のある子どもの人数の推移を示したものです。これによれば、身体障害のある子どもは減少傾向にあることがわかります。その一方で、知的障害のある子ども、および精神障害のある子どもは増加傾向にあることがわかります。

　つぎに、発達障害のある児童生徒の推移を確認してみましょう。**図2**は、通級による指導を受けている児童生徒の推移を示したものです。これによれば、注意欠陥多動性障害や学習障害など発達障害のある児童生徒は増加傾向にあることがわかります。

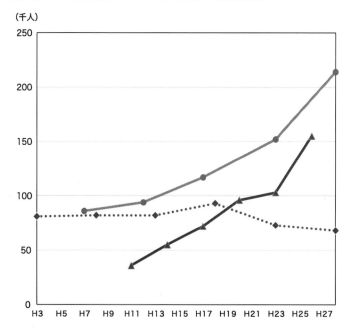

図1　障害のある子どもの人数の推移

出典：内閣府「平成28年版障害者白書」厚生労働省「患者調査」（平成11〜26年度）

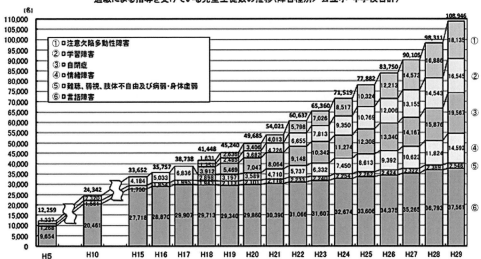

図2 通級による指導を受けている児童生徒数の推移

出典：文部科学省「通級による指導実施状況調査」（平成29年度）

　全国児童発達支援協議会は、障害のある子どもを「小さな障害者」として見るのではなく、「障害のある子ども」として捉える必要性について訴えています。これは、障害のある子どもを大人の障害者と同様に捉えるのではなく、学童期を過ごしている一人ひとりの子どもの教育的ニーズを捉え、教育的支援を行う必要もあることを意味します。今後は、障害のある子どもの増加を考慮したうえで、一人ひとりの子どもに合わせた適切な指導も求められます。

（中村　康則）

第5章

病気の予防

・日常遭遇しやすい症状に対する考え方を学ぶ
・子どもがり患した病気について理解し、対応を考える
・出席停止が必要な病気について学ぶ

1 幼児期の病気の特徴

　小児科医であっても、子どもの診察において難しいと感じる点として、病状を的確に示してくれないことが挙げられます。たとえば、①子どもからの訴えが少ないこと、②訴え方が曖昧であること、③表現を誤っていること、④言葉で表現できないことなどがあります。そのようなことからも、日頃から客観的な状況を把握しておくことが重要であり、毎日通う施設であれば、体温・脈拍数・呼吸数などのバイタルサインの計測や、顔色・活気・食欲など、子どもの状況について知っておくことは重要です。このような配慮をすることで、後で述べる、急性期の症状にも、また慢性の症状にも対応することが可能となります。

2 ウィルス感染症と細菌感染症

　小児期の病気の中で最も多いものは感染症です。出生時には、胎内で母から受け取った抗体によって感染症から守られていますが（一部、例外もあります）、その抗体が自然に減少していく過程で感染症が増えていきます。感染症には大きく分けて、ウィルス感染症と細菌感染症があります。一般に風邪と呼ばれているのは、ウィルス感染症の総称です。ウィルス感染症の特徴は、ごく一部の

ウィルス感染症（インフルエンザウィルス、水ぼうそうウィルス、エイズウィルスなど）を除いては、特効薬はなく、自分の体内で生成される、ウィルス（抗原）に対する免疫グロブリン（抗体）によって治癒していきます。したがって、風邪のときには、無理をせず、体力を十分回復させることが最も大切です。それに対して、細菌感染症は、細菌が原因であり、細菌の種類によっても異なりますが、抗菌薬（抗生物質とも呼ばれる）という特効薬があり、うまく使えば自然治癒を待つよりも早く治癒することが期待されます。この薬剤は、一般には細菌が周囲に有する細胞膜に効くといわれており、細胞膜をもたないウィルスには効果がありません。ただし、効果があるからといって、抗菌薬を濫用すれば、社会的にも問題になっている耐性菌の出現にもつながり注意が必要な点です。

3 幼児期に認めやすい症状

（1）発熱

急性期の症状として最も遭遇しやすい症状の一つです。個人差はあるものの、成人では一般に平熱は 37.0 度までと考えられていますが、小児の場合は 37.5 度くらいまでを平熱と考える医師が多いです。もちろん、子どもでは個人差がさらに大きいため、日頃から来園・来所時の体温を測定しておき、その値との差という形で判断することが望ましいです。ただし、特に夏などの熱い時期に、急いで走って来園してきた場合などは体温が高くなりやすいので、少し落ち着いてから測定するなどの工夫も大切です。

子どもの状態にもよりますが、37.5 度を超えて顔が赤らんでいるような場合には、まず厚着をしていないかを確認して、さらに体を冷ますことを考えてください。少し様子を見て様子が変わらず、局所を冷やす必要がある場合には、首周囲、腋窩（わきの下）、鼠径部（足の付け根）など、体の表面に大きな血管が走っている部位を冷やすと、効果的に行うことができることを知っておいてください。

ただし、急激に体温が上昇して 38.5 度を超えるような場合には、熱性けいれん（後述）が起こる可能性があったり、また肺炎・髄膜炎などの重篤な病気が隠れていたりすることもありますので注意が必要です。もちろん、肺炎であれば咳が続いていたり、髄膜炎であれば嘔吐を認めたりするなど、他の症状も

随伴することが多いため、発熱以外でも気づかれることが多いです。

（２）鼻汁

　鼻汁は一般に風邪症候群の症状の始まりと考えられますが、乳幼児の場合にはいつも鼻汁を出している子どももいます。そうなると、鼻汁だけで子どもの体調を把握することは難しくなります。急に出現した鼻汁であったり、鼻汁以外にも咳・微熱・食欲低下・顔色不良などの随伴症状があったりする場合は、対応の必要な風邪症候群であることも念頭において対処してください。いつも鼻汁を出している幼児であっても、さらさらした鼻汁から、黄色い色のついた粘り気の強い鼻汁に変わるような場合には、感染が起こっている可能性もあり注意を要します。また、慢性の副鼻腔炎のような状態で、人にうつす可能性はないものの、常に炎症の存在が疑われるような場合には、耳鼻科等への受診を勧めることも考慮します。

（３）咳（咳嗽ともいう）

　咳も鼻汁に続いて、幼児が示すことの多い症状です。咳を認める場合は、現在感染症を起こしているか、過去に感染症にり患していたか、あるいは喘息などほかの感染以外の疾患の症状として表れているのか、などを考慮しておきます。大切なことは、いつから咳が認められていて、昼寝などの睡眠を妨害するほどの程度か、嘔吐を引き起こすほどの激しい咳かなどの重症度を把握しておくことです。もちろん、あまり激しい咳の場合、保護者が登園を控えるとは思いますが、状況によってはそれでも登園させる場合があるため、指導者の観察が大事になってきます。

　発熱を伴った咳であれば、風邪症候群や肺炎などを疑います。発熱を伴っていなくても、１週間以上の咳が続くような場合は、咳が目立つようであれば、マイコプラズマ肺炎や喘息などの存在も疑いますので、小児科を受診するように勧めてください。

（４）嘔吐

　幼児を含む小児は、食道と胃の解剖学的な位置関係や逆流を防止する機能が十分発達していないことから、成人に比べると容易に嘔吐します。たとえば、少し食べすぎたり、飲みすぎたりしただけでも簡単に嘔吐します。子どもの様子を見ていて、普段通りに元気に過ごしており、繰り返して嘔吐することがなければ様子観察してもよい状態と判断します。

　幼児が嘔吐を繰り返して示す場合、咳に誘発されて起こる呼吸器系に起因する場合と、胃や腸など消化器系の異常、さらには神経系（脳）の異常で起こる

場合があります。ここでは、消化器系の問題から起こる場合について述べます。一つは、風邪症候群等の感染に伴って認められる場合です。ウィルス性の感染であっても消化器に影響を及ぼすものもあるため、嘔吐を伴うことがあります。そのときは脱水を防ぐことが大切ですので、少しずつでも水分を摂取させます。

　症状が嘔吐だけで、嘔吐した後も元気そうにしていて水分を欲しがるけれど、水分摂取後再び嘔吐してしまうという状態を繰り返す子どもがいます。周期性嘔吐症あるいはアセトン血性嘔吐症と呼ばれる状態で、体質的な問題もあるといわれており、このような状況をそれまでにも認めていることが多く、判断が可能なこともあります。このような状態では、糖分を含む水分を 15 分間隔くらいで、小さじのスプーンに 1 杯ずつくらいの少量を与え、嘔吐がなければ投与を繰り返すことで、嘔吐が止まることもあります。ただし、それでも嘔吐が収まらない場合には、点滴治療が必要になります。

　嘔吐に下痢を伴う場合、風邪症候群でも起こりますが、感染性胃腸炎と呼ばれる状態も念頭において対処します。感染性胃腸炎の場合には、嘔吐物に病原体が含まれていることが多く、処置に注意が必要です。感染性胃腸炎の原因として、ウィルス性のノロウィルス感染症やロタウィルス感染症、あるいは下痢便に血液が混ざる血便を認めたときには、細菌性の感染性胃腸炎を疑います。さらには腸重積を疑い、その場合には急いで病院を受診する必要があります。腸重積は名前の通り、腸の中に腸が嵌頓していく状態で、便が通過できなくなり、放置すると命にもかかわります。

　また、呼吸器系や消化器系以外にも、脳神経系から起こる嘔吐もあります。髄膜炎や脳炎といった病気に付随して起こってきます。一般的には発熱を伴ったり、意識の低下を伴ったりすることもあり、急いで対処する必要がある状態です。

（5）腹痛

　これもよく子どもが訴える症状です。小児救急外来を訪れる腹痛を主症状とする患者さんの中で、多い原因として便秘があります。たとえその日のうちに排便があったとしても、浣腸により排便を促すことで軽快することから判断がつきます。幼児でもその傾向はありますので、まず便秘を考えてみるとよいでしょう。腹部を冷やしただけでも腹痛を訴えることがあり、そのような状況が疑われるときは腹部を温めるだけで軽快することもあります。

　病的な腹痛としてよく見かけるのは、感染性胃腸炎の下痢に伴う場合です。嘔吐を伴うこともあります。そのような場合はまず隔離したうえで、対処が必

要となります。

　急性腹症と呼ばれる、救急の外科的対処が必要な病態もあります。腸重積を含む腸閉塞、急性虫垂炎（いわゆる盲腸）などがあり、症状は激しいことがほとんどですので、何か異常があるな、ということは指導者にもわかると思います。至急、病院で診察してもらう必要があります。

（6）下痢・血便

　下痢の場合も、子どもが元気のある状態か、元気のない状態かによって、考え方・対処の仕方が異なります。元気があって、発熱を認めるときは、風邪症候群あるいは感染性胃腸炎などをまず考えます。脱水にならないよう、水分をこまめに与えることが求められます。発熱がなく、元気があってもなくても、下痢を長期間繰り返す場合は、さまざまな病気が考えられるので、医療機関の受診を勧めてください。

　下痢を急性に発症して、元気がない場合には、冬季で高熱があればインフルエンザ感染、発熱がなければ、周期性嘔吐症などを疑います。また、発熱を認める場合も認めない場合もある病気として、食中毒・感染性胃腸炎・潰瘍性大腸炎などの可能性があるといわれています。

　下痢便に血液が混ざる血便の場合には、多くの事例で対応を急ぐことが多いです。病気としては、重症の感染性胃腸炎や腸重積などが疑われます。

（7）発疹

　発疹にはさまざまな型の発疹があります。まだ原因が解明されていないものもありますが、多くの場合は見当がつきます。発疹が起こる理由として、感染によるものが多いですが、アレルギーによる蕁麻疹（じんましん）なども考えられます。

　発疹と一口に言っても、さまざまな形があります。いわゆる発疹と呼ばれる中で、直径が2〜5mmくらいで、輪郭がはっきりとした発赤が中心のものには、湿疹、汗疹（あせも）、麻疹（はしか）、風疹（三日はしか）、突発性発疹、アトピー性皮膚炎、溶連菌感染症（猩紅熱（しょうこうねつ））、川崎病などがあります。次に、丘疹について説明します。赤みを帯びた発疹の中心に水疱のような白っぽいあるいは透明のふくらみがあることが特徴で、水痘（水ぼうそう）、手足口病、などで認められます。発赤を伴わない水疱としては、伝染性軟属腫（水いぼ）があります。明らかな輪郭のある発疹ではなく、なんとなく赤みが認められる紅斑と呼ばれるような場合は、伝染性紅斑（りんご病）、溶連菌感染症（猩紅熱）などがあります。膨疹と呼ばれる、赤みと不定形の膨隆を伴う場合は、アレルギー反応が関係する蕁麻疹が疑われます。発疹ではありませんが、赤紫色の出

血斑（紫斑）があれば、血管性紫斑病や白血病などが疑われます。発疹と出血斑の違う点は、発疹は押さえると赤みが消失しますが、出血斑は押さえても赤紫色は消失しません。

（8）鼻出血

　幼児では鼻出血もよく認める症状です。一番多い理由は、無意識のうちに鼻腔に指を入れて、鼻粘膜を傷つけて出血するというパターンでしょう。鼻粘膜には、キーゼルバッハと呼ばれる出血を起こしやすい部位があります。基礎疾患がなければ、鼻出血は20分以内に止まることがほとんどです。出血傾向を示す病気（たとえば白血病のために、血小板が減った状態など）があると、20分以上出血が続くこともあり、その場合には出血しやすい原因を調べてもらうことが肝要です。基礎疾患があり、出血を繰り返す場合は、貧血を起こしていることもあり、日頃から顔色の変化などに気をつけておいてください。

（9）咽頭痛（のどの痛み）

　低年齢のため「のどが痛い」と訴えることができない場合でも、水分や食べ物を飲み込むときに痛みを感じるため、水分がとりにくい、食事が食べにくい、あるいはよだれが多いといった状況から咽頭痛を予想することも可能です。

　原因はのどに炎症が起こるためであり、感染が原因のことが多く、ウィルス性と細菌性に大別されます。ウィルス性ではアデノウィルス感染症において、激しい咽頭痛を伴うことがあり、成人でも「つばを飲み込むときに決意が必要です」と語ることがあるくらいです。もちろん原因不明のウィルス感染症のこともあり、ウィルス性であれば安静にして、対症療法的に鎮痛剤を使用するくらいの対応しかありません。一方で、細菌性の扁桃腺炎の場合には、扁桃腺に膿が付着していることが多く、抗菌薬の投与により軽快することが多いので、医療機関の受診が必要です。

（10）けいれん

　けいれんとは本人の意思とは関係なく、四肢および躯幹を含む全身を、強直（体幹・四肢が硬くなること）させたり、間代（体幹・四肢がガクガクすること）させたりする状態を指します。幼児期の原因としては、急激な体温の上昇に伴って起こる、熱性けいれんが圧倒的に多いです。一般的には5分以内にけいれんが収まることがほとんどですが、まれに30分以上続くこともあり、救急搬送が必要な場合もあります。発熱によって繰り返すこともあり、それまでにすでに経験している場合には、保護者からの申し出があるはずです。

　発熱とは関係なく出現する発作もあり、その場合には、てんかんを背景にもっ

ていることがあります。てんかん発作の場合には、熱性けいれんと同じく、全身の強直あるいは間代けいれんを示すこともありますが、体の一部分だけが硬くなったりリズミカルに動いたりすること、あるいは体の動きは全くなく、意識だけが消失することもあります。

4　幼児期に認められる病気

前節の症状の項目に出てきた疾患について、順不同で紹介します。幼児が体調を崩して、園を休んだ場合に、再登園したときに病名を聞くことで、どのような状態であったのか、他児にうつる可能性があるのか、どのように対応すれば適切なのかを考える材料にしてください。

（1）風邪症候群

基本的にウィルス感染症と考えられますが、原因となるウィルスが明らかになっていない場合、総称してこのように呼んでいます。したがって、症状もさまざまですが、一般的には自分の免疫力で回復していくものです。

（2）肺炎

ウィルス性あるいは細菌性に限らず、感染が咽頭（のど）や気管・気管支を越えて、さらに一番奥の肺胞にまで到達している状態を指しています。風邪症候群に比べると重症であり、肺炎まで至った状態では入院治療を必要とすることが多いです。

（3）マイコプラズマ肺炎

大きさがウィルスより大きく細菌より小さい、そしてその中間の特徴をもつ、マイコプラズマ・ニューモニエという微生物が原因です。基本的には細菌に属すると考えられていますが、細菌が有する細胞膜をもたないため、一般的な抗菌薬は効果がなく、特定の抗菌薬を使用します。冬に流行することが多く、呼吸器感染症として咳を誘発し、発熱を伴うこともあります。

（4）百日咳

百日咳は、主として百日咳菌の感染により引き起こされます、激しい咳を伴う病気です。激しい咳をした後、息を吸い込むときにレプリーゼと呼ばれる、ヒューと笛を吹くときのような音を伴うことが特徴です。咳は病名の通り長く続くことが多く、生後3か月くらいまでは、重症化することが認められています。定期接種のワクチンにも入っており（DPT混合ワクチンのPにあたりま

す）、ワクチン接種歴の聴取は欠かせません。適切な抗菌剤の服用により、百日咳菌は死滅しますが、咳が残ります。

（5）感染性胃腸炎

1）ロタウィルス感染症

　冬季白色下痢症とも呼ばれており、冬に多い病気で、白色の下痢を特徴としていましたが、近年では白色便になることも少なく、流行も冬季に限らなくなってきています。下痢以外にも、嘔気（吐き気）・嘔吐があり、通常は3〜8日で軽快しますが、重症例では脱水を起こします。ワクチンの普及により、発症は減ってきています。便から感染することが知られており、感染の予防として、おむつを替えた後や食べ物を扱う前に手洗いすることが大切です。感染するとウィルスを駆除する方法はなく、対症療法になります。

2）ノロウィルス感染症

　突然認められる嘔吐に続く、水溶性下痢・腹痛・嘔気が特徴といわれていますが、なかには下痢のみの症状のこともあります。症状は1〜3日持続して、胃腸症状以外にも、全身のだるさ・筋肉痛・頭痛などを伴うこともあります。便からの感染あるいは吐物が乾燥して空中に浮遊し、空気感染の可能性もあるといわれています。ロタウィルスと同じで、対症療法しかありません。感染予防のための手洗いの方法も、ロタウィルスの場合と同じです。

3）食中毒による細菌性の感染性胃腸炎

　病原性大腸菌・カンピロバクター菌・サルモネラ菌感染症などがこの範疇に入る病気です。下痢に血液が混じること（血便）が特徴の一つです。大腸菌は本来人体に無害のはずですが、そのなかに人間に感染して症状を引き起こすものがあり、それらを病原性大腸菌と呼んでいます。学校給食が原因で、大量の発症を見たこともあります。病原性大腸菌が産出する毒素により、溶血性尿毒症症候群を併発し、命にかかわることもあります。

（6）インフルエンザ感染症

　冬に大流行するウィルス感染症ですが、近年冬季以外でも発症を認めることがあります。突然の38度以上の高熱が出現し、関節や筋肉の痛み、頭痛などに加えて、全身倦怠感、食欲不振などの全身症状が強く現れるのが、風邪症候群のような一般のウィルス感染症と違う特徴です。少し遅れて、咳、咽頭痛、鼻汁などの呼吸器症状が現れ、消化器症状を示すこともあります。特効薬が開発されている数少ないウィルス感染症です。抗インフルエンザウィルス薬は、発症後48時間以内に使用することが肝要です。ただし、抗インフルエンザウィ

ルス薬の乱用により薬剤耐性ウィルスの出現も報告されています。

（7）溶血性尿毒症症候群

　本疾患は、溶血性貧血（赤血球が破壊されて起こる貧血）、血小板減少（出血を止める細胞成分の減少による出血傾向）、急性腎障害を特徴とする病気です。主として病原性大腸菌とも呼ばれる、腸管出血性大腸菌の感染による血液の混じった下痢が出現後、上記の特徴が表れてくると本症を疑います。Ｏ１５７（オーイチゴーナナ）と呼ばれるタイプの病原性大腸菌が原因となることが最も多いです。重症化すると死亡する例もあるため、血便を認めた場合注意が必要となります。

（8）周期性嘔吐症（アセトン血性嘔吐症）

　激しい嘔吐を繰り返す子どもの病気です。腹痛を訴えることもあり、その他、食欲不振や体のだるさを認めることもあります。原因はまだ解明されていませんが、脂肪を分解してエネルギーとして使った後にできるアセトンという物質が増えることで起こると考えられており、このような病名がついています。嘔吐発作を年に何回も繰り返すことが特徴で、夕食をとらずに寝ると発症しやすいので避ける必要があります。体内の糖分がうまく利用できないためと考えられており、少量の糖分の頻回経口摂取あるいは、糖液の点滴により症状が軽快します。

（9）腸重積および腸閉塞

　腸閉塞とは、食物が腸管内を通過できない状況を示しており、そのうちの一つの原因が腸重積です。腸重積以外では、腹腔内（腹部の腹膜に囲まれた部位）の手術の経験がある場合に、手術合併症としての癒着などのために腸管が圧迫され腸閉塞の状態を示すことがあります。腸管は筒状の組織ですが、腸重積とは口側の腸管が肛門側の腸管に入り込んだ状態で、腸管を閉塞してしまう状態です。浣腸をすると血便を認めることが多いですが、幼児ではぐったりとする症状だけのこともあり、注意が必要です。圧力の高い浣腸（高圧浣腸）で整復できることが多いのですが、開腹による手術を必要とすることもあります。重症になると死亡の危険性もある疾患です。

（10）急性虫垂炎（盲腸）

　腸管は、小腸と大腸からできていますが、小腸から大腸へ入ったすぐのところに、虫垂と呼ばれる数cmの組織があります。これは先が盲端になっているため、俗称で盲腸とも呼ばれており、この疾患を表すときに「盲腸」ということもあります。本疾患は、虫垂の炎症で感染症の一種であり、抗菌薬（抗生物質）

の投与によって軽快することもありますが、手術に至ることも多いです。腹痛の程度が激しいことが多く、また痛みが虫垂が位置する右下腹部に限局しやすいことから診断に至ることもあります。

（11）発疹あるいは湿疹を認める病気

　発疹と湿疹の区別に困ることがありますが、皮膚科学的には、発疹は「皮膚に現れた変化」を指す用語で、湿疹は「炎症により引き起こされた表皮の変化（皮膚炎）」を示す用語として区別されています。したがって、発疹の方が湿疹よりも広い概念です。この項目で述べる病気の中では、湿疹として含まれるものが、汗疹（あせも）およびアトピー性皮膚炎であり、その他は発疹にまとめられます。

1）汗疹（あせも）

　あせものことを医学的には汗疹と呼んでいます。汗は皮膚のエクリン汗腺で生成され、汗菅を通って皮膚の表面に出ます。大量に汗をかいたり、汗菅が詰まっていたりすると、汗が汗菅に溜まり周りの組織に漏れ出して皮膚炎を起こします。これがあせもと呼ばれる状態です。したがって、汗をかいた後には、シャワーで流すなどの処置が予防および対処法になります。

2）アトピー性皮膚炎

　花粉症や喘息などアレルギー体質をもつ人に起こりやすい、かゆみを伴う湿疹を慢性的に繰り返す皮膚病です。幼児では花粉症は少ないですが、食物アレルギーなどをもつ子どもに多く見られます。乳児期には顔や頭などに赤いじゅくじゅくした発疹ができることが多く、幼児期になると首・肘・膝関節の内側に乾燥した湿疹が現れやすくなります。かゆみのために睡眠も妨げられるようなことがあれば、医療機関を受診することを勧めます。

3）麻疹（はしか）

　麻疹ウィルスの感染によって起こります。目やにや鼻汁などのカタル症状とともに、38度を超える高熱が1、2日持続し、いったん解熱します。一度下がった熱が再び上がり始めるとともに、全身に発疹が出現することで麻疹と診断できることが多いです。麻疹り患時は、体力の消耗も激しく表情にも元気がなくなります。潜伏期間（麻疹ウィルスに感染してから症状が出るまでの期間）は10〜12日といわれており、園内で発生があった場合、その後10〜12日の間は二次感染の可能性を考えて対処が必要となります。感染経路は空気感染と接触感染があります。特効薬はありませんが、わが国では麻疹ワクチンを定期接種として2回行っており、かなりの感染は防がれていると考えられています。

4）風疹（三日ばしか）

麻疹に似た発疹を示しますが、臨床症状に違いがみられます。麻疹と異なり、病初期から発疹が出現することが特徴で、首周囲から出始めて全身に広がります。発熱を伴う事例は50％程度です。全体の経過が３日程度で治まるため、三日ばしかとも呼ばれています。麻疹に比べると症状は軽微ですが、妊婦が感染すると「先天性風疹症候群」と呼ばれる、胎児の奇形や発達の遅れを起こす恐れがあるので注意が必要です。

5）突発性発疹

ヘルペス属に分類されるウィルス感染症です（水ぼうそうと同じ属です）。突発性発疹の症状を示すウィルスは、少なくとも３種類見つかっています。母体からの免疫はこの感染症の防御にはならず、新生児期からり患する可能性のある病気であり、日本の子どもが最初に熱を出すときの原因疾患ともいわれています。症状は38度を超える高熱で始まり、子どもは機嫌がよく哺乳や食欲も低下しないことが多いです。熱が下がるとともに、全身に発疹が出現することが特徴であり、この時点で治癒したと考えられています。

6）水痘（水ぼうそう）

水痘帯状疱疹ウィルスと呼ばれる、ヘルペス属に分類されるウィルス感染です。空気感染、飛沫感染、接触感染によりうつります。潜伏期間は２週間程度です。発疹が出現する前から発熱を認め、発疹ははじめ紅斑（皮膚表面が赤くなること）で、その後中央に透明な水分をもち、次第に濁った成分となり、最後はかさぶたとなって治癒します。2014年から水痘ワクチンの定期接種が始まっており、流行が収束していくことが期待されます。

7）手足口病

原因となるウィルスは一つではなく、コクサッキーウィルスA16型やエンテロウィルス71型が知られています。症状は、手のひら・足の裏・口の中を中心に水疱が生じますが、おしりや膝にも出現することがあります。口の中の水疱は痛みを伴うことが多く、食事に困ることがあります。発熱は認めないことが多く、手足口病の症状は３〜７日ほどで消失します。潜伏期間は３〜５日です。飛沫感染・経口感染・糞便感染により広がります。

8）ヘルパンギーナ

エンテロウィルスが原因となる感染症で、主として５歳以下の子どもを中心に夏に流行し、風邪症状とともに口腔内に発疹が出現します。感染経路は接触感染と咳やくしゃみによる飛沫感染です。症状は38〜40度の高熱とともに口

腔内に水疱性の発疹が現れ、咳や鼻汁、喉の炎症を伴います。手足口病との鑑別が難しいですが、食事を食べない、口の中に痛みを訴える、口腔内だけに水疱性の発疹が出現したときに本症を疑います。特効薬はなく、水分補給と対症療法が中心です。

9）伝染性膿痂疹（とびひ）

皮膚に細菌が感染することで起こる皮膚の病気です。皮膚にかゆみを伴う湿疹などができたときに、それを掻いて傷つけたところに細菌感染が起こると考えられ、いったん細菌感染が起こると、次々と飛び火するように広がるため、「とびひ」とも呼ばれます。発疹としては、水ぶくれができるタイプと厚いかさぶたになるタイプがあります。抗菌薬（抗生物質）を塗ったり、内服したりすることで治療ができますが、患部をよく洗って清潔に保つことが重要です。

10）伝染性軟属腫（みずいぼ）

伝染性軟属腫ウィルスによる感染で起こり、直径が1〜5mm程の光沢を帯びた小丘疹が認められます。表面は平たく中央にへそのようなくぼみができます。発熱などの症状を示すことはなく、全身状態は良好です。好発部位は体幹・四肢で、特に胸部・腋窩（わきの下）・上腕（二の腕）の内側です。小丘疹の内容物が皮膚に付着することで伝搬していきます。主に患者との接触による直接感染ですが、プールでのタオルやビート板を介した間接感染も見られます。

11）伝染性紅斑（りんご病）

ヒトパルボウィルスB19が原因のウィルス感染症です。症状は両頬に出現する蝶の羽のような形をした紅斑が特徴で、リンゴ（ほっぺ）病と呼ばれることが多いです。5〜9歳の発症が最も多く、続いて0〜4歳です。潜伏期間は10〜20日で、頬の紅斑に続いて手足に網目状やレース状の発疹が出現します。発疹が出たときには、感染力はほぼ消失しています。ほとんどは合併症を起こすこともなく自然に回復しますが、非典型な発疹の場合、風疹との鑑別が困難であるといわれています。

12）溶連菌感染症

A群β溶血性レンサ球菌（溶連菌）という細菌による感染症です。以前は猩紅熱と呼ばれていました。2〜5日の潜伏期間ののち、突然の発熱・全身倦怠感・咽頭痛で発症し、嘔吐もしばしば認められます。発熱を認めて半日〜1日で、点状紅斑様の皮疹が出現します。1週目の終わり頃から、顔より皮膚が膜状にはがれていきます。溶連菌が直接の原因ではありませんが、感染後に急性糸球体腎炎と呼ばれる腎臓の病気やリウマチ熱を合併して起こすことがありま

す。患者との接触を介してうつります。治療は抗菌薬（抗生物質）が用いられ、有効です。合併症を防ぐためにも薬をしっかり服用することが大切です。

13）川崎病

原因不明の発熱を伴う疾患です。日本人の川崎富作医師が発見したことからこの病名が付けられています。全身の血管炎が起こっていることがわかっており、高熱に加えて、白目部分の充血、いちごのような舌、全身の発疹（さまざまな形をとる）、手足の腫れ（のちに指先から皮膚がむけていく）、そして全身のリンパ節の腫大があります。最も重大な合併症は、心臓の筋肉に血液を供給する冠動脈に動脈瘤が発生し、その後冠動脈が閉塞して心筋梗塞を起こすことです。理由はわかっていませんが、病初期に免疫グロブリンを大量投与することで、冠動脈瘤の形成が予防できるといわれています。また炎症を抑えたり、血栓形成を抑制したりする目的で、アスピリンを服薬します。

14）蕁麻疹

食物アレルギーを含むさまざまなアレルギーが引き金となって、全身あるいは体の一部に膨隆を伴う、形が不整で、強いかゆみがある発疹が出現します。かゆみが強ければ、かゆみを抑える抗ヒスタミン剤と呼ばれる薬を飲んだり、塗り薬を塗布したりすることもあります。多くの場合は数十分以内に消退していきますが、長引く場合は医療機関の受診を勧めます。

（12）流行性耳下腺炎（おたふくかぜ、ムンプス）

ムンプスウィルスが原因の感染症で、症状は唾液腺である耳下腺、顎下腺、舌下腺が腫れて痛みを伴うことです。多くは両側が腫れることからおたふく面のようになることで、このような呼び方もされています。片側だけの腫れで治まることもあり、咳・鼻汁・発熱をともなうこともあります。潜伏期間は2〜3週間です。合併症として髄膜炎や難聴等が知られています。予防法としては予防接種が任意で接種可能です。

（13）喘息

突然、咳の発作が出現する状況を指します。息を吸うときに、ヒューとなる音（喘鳴）が聞こえることも特徴です。食物、運動、寒暖差などが誘因で起こることも知られています。急性の発作であるものの、すでに何度も繰り返していることが多く、対応については個人で異なる場合もありますので、保護者に聞いておく必要があります。水分を摂らせたり、腹式呼吸をしたりすることで、軽快することもあります。ただし改善が認められなければ、吸入や点滴注射による治療も必要となりますので、医療機関の受診を勧めます。

(14) 喘息性気管支炎

　喘息という名前はついていますが、基本的に喘息とは異なる状態であると考えられています。喘息が突然起こる咳の発作であるのに対して、本症では、風邪症状を認めた後などに、喘鳴を伴う咳が残る状態が続くことを指します。喘息が成人まで残る可能性があるのに対して、喘息性気管支炎では小児期を超えて続くことは少ないです。

(15) 結核

　結核菌による細菌感染です。一般成人の場合、感染しても全員が発症するわけではなく、10人中1人に満たないといわれています。しかしながら子どもでは、免疫力が弱いため、すぐに発病してしまいます。潜伏期間も大人では数年から数十年ということもありますが、子どもでは早く2〜3か月で発症することもあります。症状は、一般的には発熱や咳ではじまりますが、すぐに嘔吐・けいれん・意識障害などの髄膜炎症状が出てくることもあるようです。多くの場合、身近な人に結核菌を出している人が見つかります。予防が大切で、現在定期接種が行われているワクチン（BCGと呼ばれる）を受けることです。

(16) 出血斑を伴う病気

　出血斑と発疹を区別するためには、透明な定規や下敷きのようなもので圧迫すればわかります。出血斑では血液が血管外へ出てしまっているため、いくら押しても出血斑は消えません。一方で、発疹であれば血管が拡張して赤く見えているだけですので、圧迫すると赤みは消えます。

1）血管性紫斑病

　多くは風邪症候群、溶連菌感染症、マイコプラズマ肺炎などの感染を契機として、全身の小血管が炎症を起こすため、下肢の皮膚を中心に赤ないし赤紫色の出血斑が認められる状態です。出血斑とともに、関節腫脹・腹痛・血便が見られることもあります。症状は大体数週間で軽快しますが、発症後4週間ほどたった頃に紫斑病性腎炎という腎臓の病気にり患することがあります。尿量が減っていたり、顔が腫れぼったくなったりするとき（浮腫）には、この病気を疑います。

2）白血病

　血管内に存在する病的白血球が増殖する血液系のがんです。白血球は骨髄で産生されますが、病的白血球が骨髄内で異常に増殖するため、やはり骨髄内で産生される赤血球や血小板が産生されず、赤血球減少（貧血）や血小板減少（出血傾向）を惹起します。正常な白血球も産生されないため、感染症にかかりや

すくなります。その結果、風邪症候群を起こしやすい、貧血によるふらつき、出血傾向による遷延する鼻出血等の症状がみられることがあります。これらの症状に指導者が気づくことで、早期発見につながることもあるのです。

(17) 咽頭結膜熱（プール熱）

　咽頭結膜熱はアデノウィルスが原因の感染症で、プール熱とも呼ばれます。夏などにプールを介して流行しやすいことからこのように呼ばれます。潜伏期間は5～7日で、症状は、高熱・咽頭炎（のどの痛み）・白目部分の発赤が特徴的です。その他、全身倦怠感・食欲不振・頭痛・目のまぶしさ・目の痛み・目やに・腹痛・下痢を示すこともあります。基本的には7～8月が流行のピークですが、近年では冬季にも流行が報告されています。咳やくしゃみによる飛沫感染あるいは手指を介した接触感染です。アデノウィルスに対して塩素消毒は有効で、わが国のプールでは一般的に塩素消毒を用いた衛生管理が行われています。このウィルスに対する特効薬はなく、対症療法が中心です。

(18) RS ウィルス感染症

　RS ウィルスの感染により起こります。正式なウィルス名はもっと長く難しいですが、頭文字を取ってこのように呼んでいます。子どもがかかりやすい病気で、特に1歳未満の赤ちゃんが感染すると重症化しやすいので注意が必要です。主な症状は、咳・鼻汁・発熱で咳が激しい、ゼーゼーという音がする喘鳴があることです。接触感染および飛沫感染でうつります。1歳未満で重症化しやすいことから、園でRS ウィルス感染症が出た場合、同胞に1歳未満の乳児がいる家庭にはその旨を知らせて注意喚起が必要です。特効薬はなく、対症療法を行いますが、重症化が予想される子どもに対して、予防薬を注射することもあります。

(19) 扁桃炎（扁桃腺炎）

　扁桃は、口を開けたときに、舌の奥の左右の壁にある少し盛り上がった部位を指します。免疫にかかわるリンパ組織ですが、ここに細菌やウィルスが感染して炎症を起こした状態です。細菌では溶連菌感染がほとんどで、それ以外ではアデノウィルスなどの感染があります。症状や治療については、それぞれの項目を参照してください。

(20) 熱性けいれん

　2～4歳の幼児に好発するけいれん性疾患です。急激な体温上昇による発熱に伴って出現することがほとんどです。発熱の原因は問いません。突然、四肢から体幹にかけての全身を硬くさせる強直発作および全身をガクガクと震わせ

る間代発作、あるいは強直発作から間代発作へと移行することもあります。けいれん発作のある間の意識はありませんが、数分以内の持続で治まることがほとんどであり、様子を見ている間に止まることが多いです。熱性けいれんを起こしやすい子どもは繰り返すことがあり、けいれん発作を予防したりけいれん発作を止めたりする座薬を、医師から処方されていることもあります。熱性けいれんであっても、5分以上持続するような場合は、医療機関への救急搬送の準備が必要です。小学校に入る年齢になると、ほとんど認めなくなります。

(21) てんかん

熱性けいれんとは異なり、発熱がない状態で、2回以上繰り返すけいれん発作を認めたときに「てんかん」と診断されます。熱性けいれんで認める、強直発作や間代発作に加えて、一瞬力が抜けるだけの脱力発作、体の一部分だけがガクガク震える部分発作、意識消失だけが症状の欠神発作など、さまざまなタイプの発作を示します。一般的には、一人の子どもに出現する発作の型は一定しているといわれており、保護者からそれまでの様子を聞いておくことは大切です。一部の難治性てんかんを除けば、各種抗てんかん薬の適切な投与により、多くの場合は治癒したり、てんかん発作がコントロールされたりします。

(22) 髄膜炎・脳炎

神経系は中枢神経系と末梢神経系に分かれますが、中枢神経系に分類されるのが脳と脊髄です。これらの組織の周囲には膜があり、脳と脊髄を覆っています。この膜を髄膜と呼び、髄膜と脳や脊髄との間に髄液が貯留しています。髄膜炎とは、これら髄膜と髄液に感染が起こった状態を指します。さらに、炎症が脳実質まで及んだ場合に脳炎と呼んでいます。このときには脳の神経細胞そのものに炎症が波及しているため、意識の低下（すぐ眠ってしまう、呼んでも返事がないなど）が起こってきます。ここでは、髄膜炎に限って話を進めます。

原因にかかわらず症状は共通することが多く、高熱・激しい頭痛・繰り返す嘔吐・機嫌不良・けいれんなどが認められます。感染の原因はさまざまですが、ここでは頻度の高いウィルス性と細菌性について述べます。一般的に細菌性髄膜炎のほうが重症であることが多いです。ワクチンとして定期接種されている、インフルエンザ桿菌（Hib）（「（6）インフルエンザ感染症」で述べたインフルエンザはウィルスであり、まったく異なる病原体）と肺炎球菌を原因とする髄膜炎は、予防接種による効果のおかげで発症が減っています。ウィルス性の原因として、おたふくかぜ（頬にある両方の耳下腺が腫れて、発熱を伴うこともある）や手足口病の後に髄膜炎が起こる確率が高いことが知られています。こ

れらの流行があった場合には、その後数週間は、子どもたちが嘔吐・頭痛など
を発症した場合には注意が必要です。治療は、細菌性およびウィルス性ともに
入院治療が原則です。

(23) 流行性角結膜炎（はやり目）

　アデノウィルス感染症の一つです。主な症状は、白目部分の充血・目やに・
まぶたの裏側のブツブツ・目のゴロゴロ感などです。症状は2〜4週間続きま
す。感染力がとても強く、感染を防ぐためには隔離が必要なくらいです。潜伏
期間は1〜2週間で、この間にも人にうつします。感染は接触感染で目に触れ
た手やその手で触ったものを介してうつるので、感染予防に注意が必要です。
眼科を受診し、再登園可能な時期について相談する必要があります。

5　出席停止にかかわる疾患

　学校保健安全法施行規則第18条（感染症の種類）および第19条（出席停止
期間の基準）において、感染症を第1種から第3種にまで分類し、さらに出席
停止期間に関する基準まで言及しています。ここでは実際の就学前施設におい
て遭遇する可能性がある疾患についてまとめました。第1種感染症は非常に重
症で私たちがほとんどかかわることのない疾患のため、ここでは割愛します。
第2種および第3種感染症は登園開始のために医師による記入が必要とされて
います。その一方で、日常よく遭遇する感染症ではあるものの、登園のために
医師による記入までは必要とされていない感染症もあります。ただし、地域に
よって事情が異なることもありますので、地域の方針に従ってください。

（1）第2種・第3種感染症として指定されている疾患と出席停止期間
　　（登園再開に際し医師による記入が必要な疾患）

病　名	出席停止期間
インフルエンザ	発症した後5日を経過し、かつ解熱した後3日を経過するまで
百日咳	特有の咳が消失するまで又は5日間の適正な抗菌薬による治療が終了するまで
麻疹（はしか）	解熱後3日を経過するまで
流行性耳下腺炎（おたふくかぜ）	耳下腺、顎下腺、舌下腺の腫脹が発現した後5日を経過し、かつ全身状態が良好になるまで
風疹	発疹が消失するまで
水痘（水ぼうそう）	すべての発疹が痂皮化（かさぶたになること）するまで

咽頭結膜熱 （プール熱）	主要症状が消退した後2日を経過するまで
結核	病状により医師において感染のおそれがないと認めるまで
髄膜炎菌性髄膜炎	病状により医師において感染のおそれがないと認めるまで
腸管出血性大腸菌 感染症	病状により医師において感染のおそれがないと認めるまで
流行性角結膜炎	病状により医師において感染のおそれがないと認めるまで
急性出血性結膜炎	病状により医師において感染のおそれがないと認めるまで

（2）第3種感染症のうち、条件によって登園が停止になる疾患（登園再開に際し、医師による診断を受けたうえで、保護者による記入が必要な疾患）

病　名	登園許可の目安	留意事項
溶連菌感染症	適切な抗菌薬内服後24時間を経て、解熱後全身状態が良好となったとき	5〜10日程度の抗菌薬内服を推奨
マイコプラズマ肺炎	発熱や激しい咳が治まっていて、全身状態が良好となったとき	
手足口病	発熱や口腔内の水疱や潰瘍の影響がなく普段の食事が摂れ、全身状態が安定していること	一般的な予防法の励行
ヘルパンギーナ	解熱後1日以上が経過し普段の食事が摂れること	一般的な予防法の励行
伝染性紅斑 （リンゴ病）	発疹期には感染力はほぼ消失していると考えられるため、発疹のみで全身状態が良好となったとき	妊婦への感染に注意
RSウィルス	呼吸症状が安定して、全身状態が良いとき	
突発性発疹	解熱し、機嫌がよく、全身状態が良いとき	
ウィルス性胃腸炎 （ノロウィルス、ロタウィルス等）	嘔吐・下痢等の症状が治まり、普段の食事が摂れて、全身状態が良好なとき	

まとめ

　本章では、子どもたちが示す症状から推定される病気を考えるとともに、そこに挙がった病気の解説を行いました。治療については詳細な説明は行えていません。子どもが病気にかかって休んだ後、登園してきたときに、保護者から診断名を聞くことになりますが、子どもがかかった病気を指導者が理解しておくことも重要と考え、このようなスタイルを取りました。また、出席停止が義務付けられたり、休園したりしたほうが病気の拡散を抑えるという意味からも有意義で、しかも遭遇する確率の高い病気については、登園開始に必要な条件をまとめました。幼児保育・教育の現場で役に立ててもらいたいです。

　生まれてはじめて集団生活の中に登園してきた幼児の場合、はじめの数か月の間、病気のために登園と休園を繰り返す子どもたちを時に見かけます。これは休園したものの、十分に体力を回復する前に再登園させてしまった場合に起こりがちです。保護者の勤務の関係などの問題もあると考えられますが、しっかり休園して十分体力を回復してから登園するほうが、結果的には登園日数が多かったということが考えられますので、指導者から保護者へそのような説明も必要ではないかと考えています。

(小野　次朗)

【引用・参考文献】
1)　内山聖 (2013) . 標準小児科学 第 8 版 . 医学書院 .
2)　厚生労働省 (2018) . 2018 年改訂版保育所における感染症対策ガイドライン .
3)　日本小児科学会ホームページ (2019) . 学校、幼稚園、保育所において予防すべき感染症の解説 (日本小児科学会 予防接種・感染症対策委員会) 2019 年 7 月改訂版 .
　　http://www.jpeds.or.jp/modules/activity/index.php?content_id=46 (2020 年 2 月 21 日閲覧)

Column ⑤

子どもの病気の推移

　乳幼児期の子どもに多い病気は何でしょうか。この実態と推移を把握するため、厚生労働省は『21世紀出生児縦断調査』を実施しています。これは、21世紀の初年（平成13年）に出生した子どもに対する調査であり、同一の子どもに対し継続的に調査を行っているものです。

　図は『21世紀出生児縦断調査（平成13年出生児）』において、子どもが病院や診療所にかかった主な病気の推移を示したものです。これを確認しますと、乳幼児期の子どもに多い病気は「かぜ、咽頭炎、扁桃（腺）炎、気管支炎、肺炎」です。しかし、前述の病気は、学童期に入ると減少することもわかります。また、同様に「ぜんそく」も学童期に入ると減少することがわかるでしょう。

　年齢が上がるにつれ増加傾向にある病気としては「う歯（むし歯）」と「アレルギー性鼻炎、アレルギー性結膜炎」を挙げることができます。その一方で、年齢に関係なく生じる病気としては「胃腸炎などの消化器系の病気、下痢、腹痛、便秘などの症状」を挙げることができます。　　　　　　　　　　　　　　　　　　　　（中村　康則）

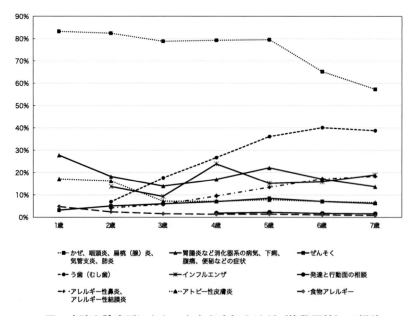

図　病院や診療所にかかった主な病気やけが（複数回答）の推移
出典：厚生労働省（2010）第8回21世紀出生児縦断調査結果

Column ⑥

病棟保育の実践

　病棟保育とは、病院に入院している子どもとその家族を対象とする保育[1] のことを指します。1954 年に、聖路加国際病院の小児科病棟に初めて保育の専門職である保育士（当時は保母）が採用されました。2002 年には、医療保険制度の診療報酬の中の「小児入院医療管理料」に保育士等加算が導入され、2005 年には約 300 の医療機関で病棟保育が導入されるにいたりました[2]。その背景には、小児医療の急速な進歩により、幼い子どものかけがえのない命を多く救うことができるようになり、その結果として救命や病気の治癒だけでなく、入院している子どもやその家族の QOL（Quality of life）も重視されるようになってきたことがあります。病棟保育には、専門的な保育支援を通して、入院している子どもの QOL の向上を図ることが求められています。

　病棟保育における保育士の役割は、医療という特殊な環境下でさまざまな疾患を抱えて入院している子どもとその家族へ、保育を通して安定感や信頼感をもって入院生活を送ることができる環境を提供することです。病棟保育の主な実践的内容は、入院中の子どもへの遊びの提供、基本的生活習慣の援助、季節行事などイベントの企画や実施、学習支援、医療チームの一員としてプレパレーション*等の実施、退院支援、家族への相談支援など、非常に幅広いものです。特に、遊びは子どもにとって生活そのものであり、成長・発達にとっても必要不可欠なものですが、これは入院している子どもにも同様にいえることです。病院内または病棟内という制限された環境の中で、プレイルーム等で行う集団での遊び、感染症や易感染性により病室やベッドから出ることのできない子どもへの個別で行う遊びを如何に計画し、提供していくかが、病棟保育には求められます。小児科病棟では、新生児、乳幼児、児童、思春期やそれ以降の患者という幅広い年齢層に対して、個々の児の発達段階を考慮するとともに、個々の疾患に応じた治療や病状も勘案して保育の中で遊びを計画し、実践していくことが病棟の保育士の専門的な役割とされています。入院治療を受けている子どもにとって、遊びがもつ意味は、健常な子どもとは異なる側面もあります。入院している子どもは、症状による痛みや苦しみ、検査や治療による怖くつらい経験など、数多くの我慢を強いられ、不安や恐怖を抱きながら生活しています。しかしながら、子どもはどのような状態や状況下においても、遊ぶことにより不快な経験や欲求不満を解消して、ストレスから回復し、現実に適応しようとします。病気の子どもの遊びの意義として、①

不安やストレスを緩和する、②子どもの病気の状態により遅れた発達を促す、③リハビリ的役割、④子どもの発達や精神状態を知る手がかり、等があります[3]。遊びを通して保育士や医療従事者と楽しみの時間を共有し、関係性を構築することで、治療に前向きとなり治療を円滑に進めることができます。また、ごっこ遊びなどでは、人形に自分の心情を投影して言葉を発し、感情表出することもあり、子どもの心理状態を把握し、その結果を治療や支援計画に反映することもできます。また、リハビリが必要な子どもには、医師や看護師だけではなく理学療法士（PT）や作業療法士（OT）などのリハビリ専門職とも連携を図り、遊びを通じて機能改善や早期回復につなげていくことも重要です。リハビリは早期介入が有効であるため、早期に病状と治療方針に加えて、PT・OTからの運動機能や運動発達の評価を確認し、子どもの発達状態、興味や関心等から保育の視点によるアセスメントも含めて総合的に捉え、PT・OTと協働しながらリハビリ効果を得られる遊びを計画・実施します。日々の保育の中に計画的に遊びを取り入れることで、子どもが自発的に遊べるように働きかけ、つらくて苦しいリハビリではなく、無理なく楽しくリハビリに取り組めるようにすることで効果を高めることができます。遊びが病気の子どもたちに多くの笑顔をもたらすことができるといえます。

　小児医療において、トータル・ケアの充実を図るために、チーム医療の一員として、病棟の保育士は活動しています。その際、保育の専門性を活かし、直接診療行為を行う医療従事者とは違う立場から、子どもと家族への入院生活のQOL向上を図り、病院という環境の中でも安心できる存在として子どもとかかわり、保育を実践しています。

（上出　香波）

＊　プレパレーションとは、子どもへ検査や処置、手術などについて事前に、個々の年齢や発達段階に合わせて、わかりやすく人形・絵・写真、さらには実際の医療器具等を用いて説明をしたり、遊んだりすることで、不安やストレス軽減などにつなげる心理的な準備・支援の技法を指します。

【引用文献】
1）日本医療保育学会（編）（2009）．医療保育テキスト．日本医療保育学会．
2）長嶋正巳（2006）．医療施設における病児の心身発達を支援する保育環境に関する調査研究（平成17年度児童関連サービス調査研究等事業報告書）．
3）病児の遊びと生活を考える会（編）1999．入院児のための遊びとおもちゃ．中央法規．

安全な生活

・子どもにとっての安全な生活環境や安全教育について理解する

・子どもの事故の特徴と安全管理の在り方について理解する

・事故防止および再発防止のための組織的な取り組みについて理解する

・危険に関するリスクとハザードの違いについて理解する

はじめに

　すべての家庭において、安心して子育てができ、子どもたちが笑顔で成長していくために、「子ども・子育て支援新制度」が平成 27 年（2015 年）4 月にスタートしました。これを受けて、「幼稚園教育要領」「保育所保育指針」「幼保連携型認定こども園教育・保育要領」が同時に改訂され、平成 30 年から施行されています。これにより、保育施設等は特定教育・保育施設及び特定地域型保育事業の運営に関する基準（平成 26 年内閣府令 39 号）に沿って事故発生防止のための指針を整備することとされています。その際に参考になるのが、「教育・保育施設等における事故防止及び事故発生時の対応のためのガイドライン」（内閣府、平成 28 年 3 月公表。以下、「ガイドライン」とする）です。このガイドラインでは、事故の発生防止（予防）のための取り組みと、事故の再発防止のための取り組みについて示されています。

<事故の発生防止（予防）のための取組み>

1. 安全な教育・保育環境を確保するための配慮点等
2. 職員の資質の向上
3. 緊急時の対応体制の確認
4. 保護者や地域住民等、関連機関との連携
5. 子どもや保護者への安全教育
6. 設備や安全確保に関するチェックリスト
7. 事故の発生防止のための体制整備

<事故の再発防止のための取組み>
1. 再発防止策の策定
2. 職員等への周知徹底

　各教育・保育施設は、ガイドラインを基に、それぞれの実態に応じた事故防止および事故の再発防止のための取り組みを整備する必要があります。

1 幼児にかかわる安全教育

　子どもは日常生活の中で、遊びを通して自らの限界に挑戦し、身体的、精神的、社会的に成長・発達していきます。また、集団の遊びの中での自分の役割を確認することや、自らの創造性や主体性を向上させていきます。

　一方で、子どもはある程度の危険が内在している遊びに惹かれますので、事故が起こりやすいという特徴があります。

　事故（Injury）とは「予期せざる外的要因が短時間作用し、人体に障害を与え正常な生理機能の維持に悪影響を及ぼすもの」と厚生省（当時）の子どもの事故研究班は定義[1]しています。ただし事故は予測可能であり、科学的に分析し、対策を講じれば「予防することが可能」です。それに対して、Accidentは偶然により発生する出来事で、制御不可能で防止できないものとしています。

　子どもは発達段階にあるため、日常生活での遊びの中から、危険について体験的に学んだり、大人とのかかわりを通して自分の安全を守る術を体得していきます[2]。年齢に応じた事故防止対策としては、概ね2歳頃までは主に保護者や保育者への事故防止情報の啓発や指導を行い、3歳頃からは保護者や保育者への事故防止情報の啓発や指導に加えて、子どもへの安全教育が必要とされます（**図6-1**）。以下に、子ども、

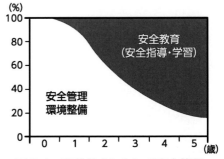

図6-1　事故防止において安全管理・環境整備と安全教育が果たす割合
出典：田中（2019）
『保育園における事故防止と安全保育（第2版）』[2]

保護者、施設職員に対する安全教育について述べます。

（1）子どもに対する安全教育

　子どもに対する安全教育の目的は、子ども自身で危険を察知して回避したり、被害を最小限にしたりするための安全に関する自己管理能力を身に付けること

です。

　乳児は言葉の理解が難しい上に身体機能が未熟であるため、子ども自身が安全や危険を認識し対応することはできません。しかし、大人が子どもの特性を理解し、周囲の環境整備をすることにより、大部分の事故を防止することは可能です。

　一般的に禁止などの言葉の理解ができるのは1歳半頃とされるため、その頃を目安に、日常生活の体験や健康教育、交通安全指導などの安全教育を通して段階に応じた安全教育を始めていきます。

　以下に、三鷹市が作成した安全保育の例[3]を挙げます。

【安全保育の例】
・園内の危険な場所を教えておく。また、子どもが遊ぶ際は、配慮しなければならないことなども指導する（急に保育室内から飛び出さない、廊下では走らないなど）。
・保育園内の遊具や、園庭・プールなどでの遊び方を指導する。
・ヒヤリ・ハット事例や事故が発生したときは、予防策について、子どもたちに指導する（鼻にものをつめない、頭は大事、など）。
・散歩や遠足など戸外活動を行うときは、道路の歩き方、渡り方、公園など現地での遊び方を指導する。

（2）保護者に対する安全教育

　子どもへの安全教育や職員の配慮により、ある程度事故を減らすことは可能ですが、それだけでは十分ではありません。教育・保育施設では、子どもの心身の状態が日々の活動に与える影響も大きいことから、保護者と連携して子どもの毎日の生活リズムを整え、規則正しい生活を送ることにより、情緒や体調を整えておくことが必要です。また、家庭における保護者の行動や教育により、子どもが安全な生活習慣を身に付けることが不可欠です。やけどの防止や衣類・靴の選び方、ヘルメット・チャイルドシートの推進など、子どもの事故防止策について、園だより、保護者会などを活用し保護者に周知します。

（3）施設職員に対する安全教育

　施設の管理者は、施設内外の研修などを通して、職員の安全管理に関する資質の向上に向けて取り組む必要があります。また、職員は、①子どもの発達と事故を起こしやすい特性の理解、②事故への認識、危険に対する予知能力の向上、③職員間の情報共有、④チェックリストなどを活用した安全点検、⑤研修などを活用した事故防止に対する知識や技術、問題解決能力などを、職員間お

よび施設全体で共有することが大切です。

（4）安全教育プログラム

　子どもへの安全教育は、日常生活の中で保育者がさまざまな場面で子どもに少しずつ教えていくことが大切です。

　図6-2 は、田中が開発した幼児用安全教育プログラムに使用されている絵です[2]。子どもたちに２枚の絵を見せ、①「君だったらどっちがいいのかな？」または「どっちを行うのかな？」と質問し、子どもの答えに対して、②なぜそっちの方がよいと思うのかな？と子どもに安全な行動について考えさせます。そして、③正しい絵と危険な理由を説明します。このように、具体的な場面をいくつか挙げ、子どもの年齢と理解力に合わせて保育士と子どもたちが対話しながら行うプログラムが効果を上げています。

図6-2　幼児用安全教育プログラム
出典：田中（2019）『保育園における事故防止と安全保育（第２版）』[2]

2　事故を起こしやすい子どもの特性

　子どもは発達段階にあり、身体発育や機能、発達が大人と異なるため、事故を起こしやすい特性があります。また、身体・生理機能も未熟なことにより、大人に比べて危険な状態に陥りやすいという特徴[4]があります。そのため、子どもの事故を防ぐためには、以下のような子どもの特性[2]を理解しておく必要があります。

（1）子どもの身体・生理機能の特性

1) **子どもの身体は大人と比べて小さい**
　・身体が小さいため、周囲から見えにくく、また子どもからも見えにくいため、ぶつかったり、
　　交通事故などに遭ったりしやすい。
　・気道が細いため、誤飲による窒息を起こしやすい。

2) **頭が大きく、体のバランスが取りにくい**
　・新生児では4頭身、3〜6歳児では5頭身前後と頭の比率が大きいため、バランスを失いや
　　すく、転倒しやすい。

3) **身体の機能や運動能力が未熟である**
　・物を飲み込む力（嚥下力）が弱いため、誤飲による窒息を起こしやすい。
　・皮膚が薄いため、やけどが重症化しやすい。
　・体温を調節する機能が未熟なため、熱中症や低体温になりやすい。
　・平衡感覚が未熟なため、素早く身をかわして危険を避けることができない。
　・筋力が弱いため、体を支えきれずに転倒・転落しやすい。

（2）子どもの行動の特性と例

1) **注意しないで行動する**
　・急に飛び出したり、急いでいると何も考えずに道路を横切ったりする。

2) **自己中心的に行動する**
　・相手のことを考えずに行動する。
　・周りに注意がいかず、走って他の子どもと衝突する。

3) **想像の世界に没頭する**
　・想像と現実との区別がつかず、仮想の主人公になったつもりで高い所から飛び降りる。

4) **気分によって行動する**
　・怒られたときに乱暴な行動になる。

5) **好奇心が旺盛である**
　・大人が考えない行動をとる。
　・小さな穴に指を入れたり、狭い所に潜り込んだりする。

6) **危険な行動をまねる**
　・自分の能力以上のことをしたりしようとする。

7) **危険・安全の判断ができない**
　・危険なものでもさわったり、近寄ったりする。

8) **応用力がない**
　・普段と少し違うとできなかったり、間違えたりする。

9) **1つのことしか考えられない**
　・同時に2つのことに注意が向けられず、どちらかがおろそかになる。

10) **親の行動をまねる**
　・ライター、薬の内服、化粧等、大人が使っている物に興味をもち、まねる。

（1）事故の種類

　事故の種類については、WHO の ICD 分類（国際疾病分類）が一般的で、厚生労働省の人口動態統計年報・人口動態統計調査においても、死因の分類に ICD-10（国際疾病分類第 10 次修正）を用いています。

　ICD-10 において、不慮の事故には、「交通事故」「転倒・転落・墜落」「不慮の溺死及び溺水」「不慮の窒息」「煙、火及び火炎への暴露」「有害物質による不慮の中毒及び有害物質への曝露」「その他の不慮の事故」などがあります。

（2）子どもの死因の特徴

　厚生労働省の人口動態統計（2017 年）による日本人全年齢と子どもの年代別の死因（**表 6-1**）を見ると、全年齢の死因の特徴は生活習慣や加齢が原因で生じる疾患が影響しています。それに対して子どもの場合は先天奇形、変形および染色体異常や周産期に発生した病態による死亡が多いことや、悪性新生物は白血病や脳腫瘍など大人と異なる種類であること、不慮の事故が上位にあることが特徴です。

　図 6-3 は、子どもの「不慮の事故（交通事故、自然災害を除く）」による死亡数の推移を示しています。1980 年の 2,545 人から減少傾向にあり、2015 年には 247 人と 35 年間で約 10 分の 1 以下に大幅に減少しています。その要因として、子どもの生活環境の整備や子ども用品の改善、保健所における乳幼児健診での事故防止指導や教育・保育施設等での安全教育の効果、事故発生時の適

表 6-1　死因順位

	第1位	第2位	第3位	第4位	第5位
全年齢	悪性新生物 373,334人 （27.9%）	心疾患 204,834人 （15.3%）	脳血管疾患 109,880人 （8.2%）	老　衰 101,396人 （7.6%）	肺　炎 96,841人 （7.2%）
0歳	先天奇形等 637人 （36.1%）	呼吸障害等 235人 （13.4%）	不慮の事故 81人 （4.4%）	SIDS 70人 （3.9%）	出血性障害等 64人 （3.6%）
1〜4歳	先天奇形等 177人 （25.75%）	不慮の事故 69人 （10.1%）	悪性新生物 60人 （8.7%）	心疾患 33人 （4.8%）	肺　炎 21人 （3.5%）
5〜9歳	悪性新生物 75人 （21.4%）	不慮の事故 61人 （17.1%）	先天奇形等 51人 （14.5%）	心疾患 15人 （4.6%）	その他の新生物 12人 （3.4%）

（SIDS：乳幼児突然死症候群）

出典：厚生労働省　人口動態統計（2017 年）
https://www.mhlw.go.jp/toukei/saikin/hw/jinkou/kakutei17/index.html

切な処置、救急医療体制の整備、救急医療の進歩などが考えられます。

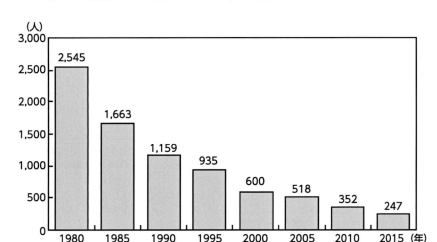

(備考)　1.　厚生労働省「人口動態統計」により作成。
　　　　2.　「不慮の事故」（1990年以前は「不慮の事故及び有害作用」）から「交通事故」、「自然の力への曝露」（1990年以前は「天災」）
　　　　　　を除いたもの。

図6-3　子どもの「不慮の事故（交通事故、自然災害を除く）」による死亡数の推移

出典：平成30年版　消費者白書，平成29年度　消費者政策の実施の状況
https://www.caa.go.jp/policies/policy/consumer_research/white_paper/2018/

（3）子どもの不慮の事故の特徴

　子どもの不慮の事故による死亡数を年齢段階別に見ると、０歳では窒息が最も多く、１〜４歳では窒息や交通事故、５〜９歳では交通事故や溺死・溺水が多くなっています（**表6-2**）。このように、年齢によって死因の特徴が異なるのは、発達段階の違いが大きく影響しています。

表6-2　不慮の事故の死亡数

年　　齢	0歳	1歳	2歳	3歳	4歳	1〜4歳	5〜9歳
総　　数	77	27	15	15	13	70	60
交通事故	9	4	7	4	6	21	31
転倒・転落	1	0	0	5	1	6	3
不慮の溺死及び溺水	6	6	2	2	2	12	15
その他の不慮の窒息	55	12	6	2	3	23	5
煙、火及び火炎への曝露	0	1	0	1	1	3	3
その他の不慮の事故	6	4	0	1	0	5	3

出典：厚生労働省　人口動態統計（2017年）

表 6-3　子どもの発達と事故の特徴および注意点

年　齢	事故の種類	特徴と注意点
0か月～3・4か月 （寝返りするまで、手をうまく使えない）	・吐いた物での窒息 ・ナイロン袋などでの窒息 ・柔らかい（ふかふかの）布団での窒息 ・熱すぎるミルクでの口腔内熱傷 ・抱っこしてて落とす（クーハンからも）	一人では身動きできず、さらに物を払ったりなどの回避動作がとれない。
4か月～7か月 （寝返りから移動する、手がある程度使え、口に持っていく、払いのけるなどの動作が可能となる）	・ベッドやソファーからの転落 ・紐などを首に巻きつけて窒息 ・小さな物を誤飲・誤嚥する ・抱っこしてて落とす（クーハンからも） ・物が落下して打撲や挫傷する	いろいろな物を掴んで口に持ってく。誤飲・誤嚥が急増してくる。動きも激しくなり、抱っこしても安定が取れにくい。動きが多い事から転落が増加する。
7・8か月～1歳頃 （ハイハイ、つかまり立ち、伝い歩きなどが可能となり、行動範囲が拡がる、興味を示し、何でも触る）	・階段、椅子などからの転落 ・つまずいての転倒 ・小さな物やタバコなどの誤飲 ・手先などの熱傷 ・浴槽での溺水 ・鋭利なものでの手先の切創	全ての物に興味をもち、何でも触りたがる年齢のため、手先の切り傷、熱傷が増加する。慌てて移動するため、つまずいての転倒、段差からの転落など頭部打撲が著明に増加する。誤飲事故も増加する。
1歳～2歳頃 （歩き回れる、自我が芽生え自己主張し、言うことを聞かなくなる、何でも自分でしたがるが、危険が予知できない）	・段差などを利用して高い所に登って転落する ・走って転倒する ・道路に飛び出す ・遊具で危険な遊びをして怪我する ・鋭利な物で怪我したり、ドアに指を挟む ・化粧品や硬貨など誤飲する ・日用品（コンロ、アイロンなど）による熱傷を起こしやすい	行動範囲がかなり拡がり、親の制止を聞かずに自分の興味本位で何でもしたがるが、危険予知がなく、事故を起こしやすい。自我の芽生えから、何度でも同じことを繰り返し、事故に遭遇することが多いため、繰り返しの言い聞かせが必要である。
3歳～5・6歳頃まで （自分一人でできることが増え、親から離れて遊ぶ時間が増える、いたずらをするが、結果を予測できない）	・飛び出しなどで交通事故が増える ・窓や階段の高い所からの転落 ・プールや海、河川での溺水 ・刃物をあつかい怪我する ・マッチやライターなどで遊んで熱傷する ・ジュース缶などと誤って農薬などを誤飲 ・いたずらや遊びにより使い方を間違っての事故（打撲や転落など）が多い	子ども同士での危険な遊びに熱中するため、戸外での事故が増える。注意を聞かずに受傷するケースも少なくない、自転車など動的な道具での事故も増加してくる年齢であり、ふざけたり危険な使用などへの注意を反復して行う。

出典：日本小児科学会「子どもの事故と対策（改訂5版）」を一部改変
https://www.jpeds.or.jp/uploads/files/jikotaisaku.pdf

　一般的に首すわり（定頸）は生後３〜４か月頃であり、それまで乳児は首を自分で動かすことができないため、寝具や吐乳が窒息の原因となります。また、５〜６か月ではなんでも口に入れるため、誤飲の危険性が増加します。寝返りやハイハイ、つかまり立ちなど身体の動きが活発になり、好奇心も旺盛になるにつれて、転倒・転落や溺死、交通事故などの事故が増えてきます。

　３歳頃からは行動範囲が広がり屋外での事故が増えていきます。子どもの事故を予防するためには、子どもの発達段階による行動の特徴を十分把握した上で対策を講じることが重要です（**表 6-3**）。

（４）事故の発生場所

　消費者庁の調査では、14歳以下の子どもの事故発生場所は、住居（家庭内）と道路・駐車場で約６割を占めています。そのうち、６歳以下の乳幼児では約４割が住居（家庭内）での事故となっています。道路・駐車場での事故のほとんどは交通事故が占めています。

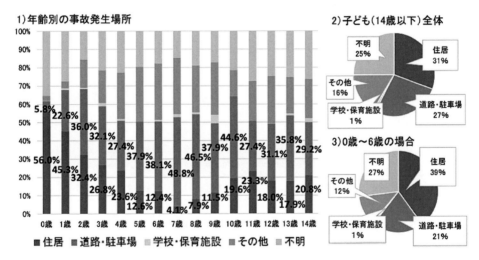

図 6-4　年齢別の事故発生場所（平成 22 年から平成 26 年の５年間）
※自然災害による死亡を除く

出典：子どもの事故の現状について（消費者庁）子供の事故防止に関する関係府省庁連絡会議
（平成 29 年 10 月 30 日）

（５）事故のきっかけと危険の程度

　危険の程度では、中等症以上が全体の約 14％を占めます（**表 6-4**）。

　事故のきっかけは、「転倒」「転落」「ぶつかる・当たる」「誤飲・誤嚥」「さわる・接触する（やけどなど）」で、これらで全体の約 75％を占めます。

　また、これらのきっかけは、中等症以上の事例を年齢別に見ても、高い割合を示しています（**表 6-5**）。

表6-4　医療機関から寄せられた子どもの事故報告件数（1）

（対象：平成28年4月～平成29年3月、医療機関ネットワーク事業参画医療機関30病院）

事故のきっかけ＼危害の程度	軽症	中等症	重症	重篤	死亡	合計	
転倒	1,671	306	5	0	1	1,983	全体の75％
転落	1,365	328	13	1	2	1,709	
ぶつかる・当たる	1,003	119	4	0	0	1,126	
誤飲・誤嚥	723	67	3	2	10	805	
さわる・接触する	481	71	6	0	2	560	
刺す・切る	436	36	1	0	0	473	
挟む	257	48	2	0	0	307	
有毒ガスの吸引	7	5	1	1	0	14	
溺れる	1	3	1	0	0	5	
その他	1,153	111	3	1	0	1,268	
不明	30	5	1	0	0	36	
合計	7,127	1,099	40	5	15	8,286	

※1　医療機関ネットワーク事業とは、参画する医療機関（平成29年3月末時点で30機関）から事故情報を収集し、再発防止にいかすことを目的とした、消費者庁と独立行政法人国民生活センターとの共同事業。

※2　「軽症」：入院を要さない傷病。「中等症」：生命に危険はないが、入院を要する状態。「重症」：生命に危険が及ぶ可能性が高い状態。「重篤」：生命に危険が迫っている状態。

※3　主な事故のきっかけの事故内容…「転落」「転倒」：自転車乗車中の転落、転倒など。「ぶつかる・当たる」：遊具に頭をぶつけるなど。「さわる・接触する」：やけどなど。「誤飲・誤嚥」：医薬品の誤飲、食品で気道閉塞など。

表6-5　医療機関から寄せられた子どもの事故報告件数（2）

（対象：表6-4の中等症以上の重症度で、年齢が14歳以下の事例の分布）

事故のきっかけ	0歳	1歳	2歳	3歳	4歳	5歳	6歳	7歳	8歳	9歳	10歳	11歳	12歳	13歳	14歳	合計	
転倒	28	25	27	18	16	16	16	18	18	0	5	8	8	3	2	216	全体の78％
転落	4	7	7	7	12	6	15	10	18	14	9	11	12	8	8	148	
ぶつかる・当たる	3	3	4	4	1	4	4	2	4	4	4	6	6	2	8	59	
誤飲・誤嚥	5	17	9	3	3	0	1	2	0	1	0	2	0	0	0	43	
さわる・接触する	8	14	7	2	0	2	0	1	1	3	1	0	1	2	0	42	
挟む	2	3	3	2	0	1	4	1	4	1	0	0	0	0	1	22	
刺す・切る	0	3	0	1	0	0	0	0	1	0	0	0	0	0	2	7	
溺れる	1	0	0	2	0	1	0	0	0	0	0	0	0	0	0	4	
不明	0	0	0	0	0	0	0	0	0	1	0	1	0	0	1	4	
有毒ガスの吸引	0	1	0	0	0	0	0	0	0	0	0	1	0	0	0	2	
その他	19	14	7	6	3	5	7	6	5	6	5	7	2	4	4	100	
合計	70	87	64	45	35	36	47	40	51	38	25	36	29	19	25	647	

（6）教育・保育施設等における事故

　内閣府による平成30年教育・保育施設等における事故報告（2018年1月1日〜2018年12月31日、令和元年8月6日　内閣府子ども・子育て本部）では、1,641件の事故が報告されています。内訳は負傷が1,632件（99.5％）、そのうち1,330件が骨折（81.5％）、死亡は9件（0.5％）です。

　事故の発生場所は施設内が1,461件（89％）であり、そのうち805件（55％）は施設内の室外で起きています。

　保育施設における死亡は、毎年11〜19件（2004年4月〜2016年12月に187件）が発生しており、この間の保育所入所児千人当たりの発生率は上昇しています。2016（平成28）年では0歳児が54％で最も多く、次いで1・2歳児の31％、3歳児以上は15％であり、全体の38％が認可施設で、62％が認可外施設で発生しています。

　田中らが平成13年に東京都内の保育園53園で実施した事故調査では、781件の事故が発生しました（平成10年度〜平成12年度）[4]。さらにその事故を分析した結果、年齢別の発生件数や事故が起こりやすい月・曜日・時間帯、けがの原因となる行動・物質、けがの種類、障害部位など、子どもの事故の特徴を示しています。これらの特徴を把握することで、事故を予測し予防につなげることができます。

　1）**年齢別の発生件数**
　　0歳5件（0.6％）、1歳80件（10.2％）、2歳120件（15.4％）、3歳152件（19.5％）、4歳163件（20.9％）、5歳188件（24.1％）、6歳69件（8.8％）と、年齢が上がるにつれて増加。

　2）**事故が起こりやすい月・曜日・時間帯**
　　月　：5〜7月に多い。
　　曜日：金曜日がやや多い。
　　時間：10〜11時台、16〜17時台が多い。

　3）**原因行動**
　　転倒が最も多く、次いで衝突、転落、当たる・ぶつかる、はさむ、異物が入る、引っ張る、刺さる、ぶたれる・蹴られる、動物に咬まれるなど。このうち転倒は0〜2歳児クラスに多く、衝突は3歳児クラス以降に多い。

　4）**原因物質**
　　他児、遊具が多く、次いで玩具、椅子、床、机、ドア、保育士など。そのうち遊具ではすべり台が最も多く、次いで鉄棒、アスレチック、ジャングルジム、ブランコ、跳び箱、登り棒など。

　5）**けがの種類**
　　打撲傷・擦過傷、刺傷・切傷が多く、次いで挫創・裂創、歯の損傷、脱臼、頭部打撲、骨折、異物の侵入（目耳鼻など）、捻挫など。

　6）**障害部位**
　　顔面が最も多く、次いで上肢、頭部、下肢など。

---

4 危険に関するリスクとハザードの違いについて

　改訂された保育所保育指針等では、事故防止対策として子どもの主体的な活動を大切にしつつ、施設内外の環境の配慮や指導の工夫を行う、と記載されています。また、特に重大事故が発生しやすい場面として、睡眠中の窒息、プールや水遊び中の溺水、食事（おやつ）中の誤嚥、玩具・小物等の誤嚥、食物アレルギーへの対応が具体的に示されています。

　<u>教育・保育施設等では発達段階にある子どもたちが集団で生活しているため、事故をゼロにすることは難しいですが、事故を減らしたり、重症化を防いだりすることは可能です。しかし、事故防止を優先するあまり活動を過剰に制限したり、保育・教育環境に必要なものを取り払ってしまったりするような極端な対応を控えることも重要です。</u>

　安全な教育・保育環境を確保するために、ガイドラインを参考として、それぞれの実情に応じた取り組み（リスクマネジメント）が必要です。

（1）リスクとハザード

　教育・保育施設で事故の発生が見られることを述べましたが、それらを少しでも減少させる努力をすることが大切です。そのための一つの対策として、危険性に対して「リスク」と「ハザード」を区別して対処していく必要があります。厚生労働省「危険性又は有害性等の調査等に関する指針」では、リスクとハザードを以下のように定義しています。

リスク	危険性・有害性によって生ずるおそれのあるけがや疾病の重要度と発生する可能性の度合い
ハザード （危険性又は有害性）	建設物、設備、原材料、ガス、蒸気、粉じん等による、又は作業行動その他業務に起因する危険性又は有害性

　子どもの安全を確保するためには、事故の回避能力を育てる危険性あるいは子どもが判断可能な危険性である「リスク」と、事故につながる危険性あるいは子どもが判断不可能な危険性である「ハザード」とに区分して理解することが必要です。回転する遊具を例として説明します。回転すること自体により、乗っていて振り落とされることもあるわけですから、「ハザード（危険性）」はあります。ただし、使用しなければけがをする確率もなくなるわけで、「リスク」は基本的に"ゼロ"になります。でも、使用しない遊具を置いておくのは現実的ではありません。「リスク」を冒しながらでも、楽しさのために近づきます。

ただし、遊具の「ハザード」は同じでも、使用する子どもの年齢が低いと、腕力の関係などで振り落とされる確率は高くなり、けがをする「リスク」が高まります。このように同じ「ハザード」の遊具であっても、使用する子どもの年齢により、「リスク」は異なります。

　一方、遊具が長い期間使用されていて、軸と回転台をつなぐ金属が腐食していたらどうでしょう？　接合部が折れてしまうという「ハザード」は、先ほどの振り落とされることに加えて、遊具が壊れて子どもが落ちてしまうことも考えられるため、「ハザード」が増します。それは本来の遊具の目的からは外れ、「リスク」が高まり、事故によるけがの可能性が高まるため、遊具の使用を禁止します。この処置により、子どもが遊具に乗ってけがをする「リスク」はなくなります。しかし、鉄の塊自体が「ハザード」ですから、子どもが走ってぶつかってけがをするという「リスク」もあるため、「リスク」は"ゼロ"にはなりません。

　「リスク」と「ハザード」の区別は子どもの発達段階や、日常の活動・経験、身体能力などにより異なります。たとえば、はさみは一般的に微細運動が発達する3歳頃では、手先を器用に動かして紙を切ることができますが（リスク）、乳児ははさみを危険な道具という認識がありませんので、舐める、刺すなど危険な使い方によるけがが生じる危険性・有害性（ハザード）があります。この場合、乳児の手の届くところに置いておくということも「ハザード」に含まれます。遊具に関連する「リスク」と「ハザード」には**表6-6**のような物的な要因と人的な要因があります。

表6-6　遊具に関連するリスクとハザードの物的要因・人的要因

	物的要因	人的要因
リスク	子どもの身体能力の範囲内で対応可能な高さや可動部の揺れ具合など	子どもができると思って行った高い所に登る、飛び降りる行為など
ハザード	・不適切な配置：動線の交錯、幼児用遊具と小学生用遊具の混在など ・遊具および設置面の設計、構造の不備：高低差、隙間、突起、設置面の凹凸など ・遊具の不適切な施工：基礎部分の不適切な露出など ・不十分な維持管理の状態：腐食、摩耗、経年による劣化、ねじなどのゆるみの放置など	・不適切な行動：ふざけて押す、突き飛ばす、動く遊具に近づくなど ・遊具の不適切な利用：過度の集中利用、使用中止の措置を講じた遊具の利用など ・年齢、能力に適合しない遊具で遊ばせる：幼児が単独で、あるいは保護者に勧められて小学生用遊具で遊ぶなど ・不適切な服装、持ち物：絡まりやすい紐のついた衣服やマフラー、ヘルメット、ランドセル、サンダル、脱げやすい靴やヒールのある靴などを着用したまま遊ぶ、携帯電話をネックストラップで首から下げたまま遊ぶなど

出典：国土交通省（2014）[5] を基に作成

（2）事故防止対策の取り組み

　事故予防の体制を整備するためには 3E モデルが有効です。これは事故予防のための３原則で、教育（Education）、法律・基準（Enforcement）、環境（Environmental Modification）を示しています。

　教育に関しては、子ども、保護者、施設職員に対する安全教育などが含まれます。

　法律・基準（Enforcement）は、教育・保育施設の状況に即したルール（指導）と、子どもの製品に関する安全基準があります。指導に関しては、「お部屋で走らない」「階段で遊ばない」「ブランコの前に立たない」など、紙芝居や人形劇、劇など子どもの発達年齢に合わせて理解できる方法で行うとよいでしょう。子どもの製品に関する安全基準では、JIS 規格や SG マークなどがあります（**図6-5、図6-6**）。JIS マーク（日本工業規格）は製品の種類・寸法や品質・性能、安全性などを定めた国家規格で、社会的環境の変化に対応して、制定・改正されています。例として、家庭用室内ブラインドひもの高さやセーフティジョイント機能などが挙げられます。SG マーク（Safe Goods 安全な製品）は製品安全協会が安全基準を満たした製品を認証し、事故が起こった場合は賠償するという制度です。どちらのマークも法律で位置付けられた制度ではありませんが、このマークがついている製品は安全性が高い製品として安心して使用できる利点があります。

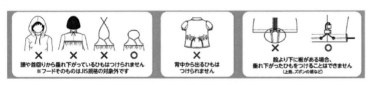

図6-5　子ども服の JIS 規格　　　　　**図6-6　SG マーク**

　環境の改善には、物的なハザードを検出し、改善するためのチェックリストが有効です。ハザードは子どもの年齢や活動場所、活動内容によって異なりますので、それぞれ別の項目ごとに分けて作成すると抜けが予防できます。

　施設内設備の点検事項と指導上の配慮事項について、上尾市立保育所危機対応要領 資料編を一部改変したものを章末に掲載します（**付表6-1、付表6-2**）。それぞれの施設の状況に合わせて追加・修正し、定期的にチェックするとよいでしょう。

（3）事故再発防止のための取り組み

　教育・保育施設等で重大事故が発生した場合は、報告する義務が課せられています。これは事故の状況を説明するだけでなく、事故の要因を詳細に分析した情報を提供することで重大事故を繰り返さないようにすることが目的です。

　事故の分析には定量的分析と定性的分析があります。定量的分析（発生数の分析）には、①発生数、②発生時刻、③場所、④活動内容、⑤年齢の分析が挙げられます。定性的分析（要因分析）は事故発生の背景を知り、環境と人間における要因を明らかにし再発防止に役立てる分析で、SHEL 分析モデルが代表的です。これは事故の当事者 L（Liveware）とソフトウェア S（Software）、ハードウェア H（Hardware）、環境 E（Environment）の関係性を分析する方法です。保育の事故については、田中による「K：園児」を加えた K-SHEL を **表6-7** に示します[2]。

　事故を防止するためには、対策としてヒヤリ・ハット事例の収集、事故リスクの発見⇒リスクの評価・分析⇒SHEL、原因の分析・評価⇒事故対策の検討・実施⇒効果確認とルール化（PDCA）を組織的に行う必要があります（**図6-8**）。

表 6-7　田中の保育園用 K-SHEL

S（ソフトウェア）	・マニュアル（保育士カリキュラム、保育手順） ・業務の打ち合わせ、申し送り ・保育室の使い方、玩具の整理・整頓 ・新人教育、研修など
H（ハードウェア）	・園舎・園庭の構造、固定遊具の構造 ・机・椅子・遊具の構造、食器のサイズ、形 ・備品の配置、固定方法など
E（環境）	・勤務時間など労働条件 ・採光、換気、温度などの職場環境など
L（保育者）	・心身状態、経験、保育知識・技術 ・性格、規則の遵守など
K（園児）	・年齢、発育・発達の程度、性格 ・心理状態、家族の要因、生活状況など

出典：田中（2019）『保育園における事故防止と安全保育（第2版）』[2]

まとめ

　子どもの事故による死亡数は年々減少しているものの、事故防止対策を整備することで防ぐことができた事故はたくさんあります。

　子どもを事故から守るためには、子どもの成長・発達や子どもの特性、子どもの事故の特徴を把握し、関連するガイドラインをもとに、それぞれの施設にあった事故防止および再発防止のための組織的な取り組みを整備していく必要があります。

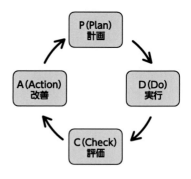

図6-8　PDCAサイクル

　教育・保育施設等の職員は常日頃から事故防止のために、子どもの安全な環境に留意し、安全に対する知識や緊急時の対応について研鑽しておくことが求められます。また、事故が起こってしまった場合には原因を分析し、再発防止策を講じていくことが大切です。

（小島　光華）

【引用・参考文献】

1)　衞藤隆・山中龍宏・清水美登里・梅田勝・田中哲郎・水田隆三（1992）.「事故」の定義についての検討.日本医事新報,3567:97.

2)　田中哲郎（2019）.保育園における事故防止と安全保育（第2版）.日本小児医事出版社.

3)　教育・保育施設等における事故防止及び事故発生時の対応のためのガイドライン【事故防止のための取組】〜施設・事業者向け〜（2016）.

4)　児童福祉施設等に設置している遊具での事故の調査結果について.平成13年10月26日雇児総発第49号厚生労働省雇用均等・児童家庭局総務課長,社会・援護局障害保健福祉部障害福祉課長通知.

5)　国土交通省（2014）.都市公園における遊具の安全確保に関する指針（改訂第2版）.

【参考資料】

1)　汐見稔幸・無藤隆（監修）（2018）.〈平成30年施行〉保育所保育指針　幼稚園教育要領　幼保連携型認定こども園教育・保育要領　解説とポイント.ネルヴァ書房.

2)　田中哲郎（2008）.田中先生の安全教室　絵で見て学ぶ安全教育.日本小児医事出版社.

3)　東京都：乳幼児の事故防止教育ハンドブック.

4)　教育・保育施設等における事故防止及び事故発生時の対応のためのガイドライン【事故防止のための取組】〜地方自治体向け〜（2016）.

5)　教育・保育施設等における事故防止及び事故発生時の対応のためのガイドライン【事故防止のための取組】〜施設・事業者、地方自治体共通〜.（2016）.

6)　秋田喜代美・馬場耕一郎(監修)秋山千枝子(編集)（2018）保育士等キャリアアップ研修テキスト　5保健衛生・安全対策.中央法規.

7)　子どもの事故の現状について（消費者庁資料）　平成29年度　第1回　子どもの事故防止に関する関係府省庁連絡会議　平成29年10月30日.

8)　消費者白書（平成30年版）第1部第2章【特集】子どもの事故防止に向けて.

9)　内閣府こども・子育て支援制度　特定教育・保育施設等における事故情報データベース.

10)　教育・保育施設等における重大事故防止策を考える有識者会議年次報告.令和元年.

11)　保育安全のかたち　https://child-care.ne.jp/

付表 6-1　施設内設備（環境上の点検事項と指導上の配慮事項）

	施設内設備（環境上の点検事項）	施設内設備（指導上の配慮事項）
正門	・きちんと開閉する。 ・ストッパーがついている。 ・鍵がきちんとかかる。 ・子どもがひとりで開けられないようになっている。 ・外部から不審者が入れないように工夫してある。	・園児が門を開閉して遊ばないよう注意している。 ・門の安全を確認して開閉している。 ・お迎えの人が通常と違うときは連絡をもらっている。 ・来園者の出入りを確認し、知らない人が入って来たら声をかけている。
出入口	・きちんと開閉する。 ・障害物がない。 ・指詰め防止の器具がついている。 ・鍵がきちんとかかる。 ・延長保育時の保護者の出入りの工夫をするなど、不審者対策を行っている。	・園児に開閉で遊ばないように注意している。 ・門の安全を確認して開閉している。 ・来園者の出入りを確認している。 ・保護者に延長時の対応を知らせている。
保育室	・保育室・職員室が整理整頓されている。 ・ロッカー・棚および上に置いてあるものが固定されている、角が危なくない。 ・くぎが出ていたり、壁・床等破損したりしているところがない。 ・画鋲でとめてあるところにセロハンテープがついている。 ・子どもが触れる位置にある電気プラグは防止策をしている。	・ロッカー・棚の上に乗らないように伝えている。 ・室内で走らないよう知らせている。
プールサイド	・柵・床が破損したり滑ったりしない。 ・水をためたり、排水がスムーズに流れる。 ・プール内外がきちんと清掃されている。 ・プール内外に危険なもの不要なものが置かれていない。	・プール内でのマナーを知らせている。
階段	・破損部分がない。 ・すべり止めがついている。 ・手すりがきちんとついている。 ・妨げになるものが置いていない。 ・死角になるところがない。 ・2階の柵がきちんと設置されている。	・昇り方、降り方を知らせている。 ・階段で遊ばない、勝手に上らないなど約束している。
園庭	・危険なものが落ちていない（煙草の吸殻・犬猫のふん他）。 ・木の剪定がされている。 ・砂場が清潔に保たれている。 ・柵・外壁・固定遊具などの破損がない。 ・死角になるところがない。 ・雨上がりの始末はきちんとされている。	・来園者の出入りを確認している。 ・園庭遊びの約束事を決め知らせている。 ・倉庫の中では遊ばないようにしている。 ・知らない人に声を掛けられてもついて行かないよう注意している。 ・園児がどこで遊んでいるか把握し、見えにくいところや危険が予測されるところは保育者がついている。
テラス	・床・壁・柵等の破損部分がない。 ・水たまりができないように清掃されている。 ・滑らないように工夫されている。 ・避難は確保されているか。 ・柵の扉の鍵がきちんとかかる。 ・外部からの不審者が入れないように工夫してある。 ・転んでも頭を切らないように角がとれている。	・危険な遊びをしないよう知らせている。 （2階から玩具を落とす、柵に上がるなど） ・テラス、ベランダでは走らないよう知らせている。

出典：上尾市立保育所危機対応要領 資料編（上尾市作成）を一部改変

付表 6-2　チェックリスト（5歳児）

1. 子どもの遊んでいる遊具や周りの安全を確認している。

2. 滑り台やブランコなど、固定遊具の遊び方の決まりを守らせるようにしている。

3. 滑り台の上でふざけたり、危険な遊びをしたりさせないようにしている。

4. 園庭の状況にあった遊び方を選び、保育者は子どもの行動を常に確認できる状況である。

5. 子どもの足にあった靴か、体にあったサイズの衣類かを確認している。また、靴を正しく履いているか確認している。

6. 縄跳びの安全な遊び方やロープの正しい使い方を指導している。

7. フェンス、門など、危険な高い所には登らないように指導している。

8. ロッカーや棚は倒れないよう転倒防止策を講じている。また、ロッカーの上など落下物がないかチェックしている。

9. 室内は、整理整頓を行い、使用したものはすぐに収納場所へ片付けている。

10. ハサミなどの器具は正しい使い方をさせ、安全な所に片付けている。

11. 調理活動中に、包丁・ピーラーを使用するときは、常に付き添い指導を行うようにしている。

12. 先の尖ったものを持つときは、人に向けたり、振り回したりしないように指導している。

13. 床が濡れていたらすぐに拭き取るようにしている。

14. 散歩のときは、人数確認をしている。

15. 道路では、飛び出しに注意をしている。また、交通ルールなどの安全指導をしている。

16. 手をつないで走ったり、階段の上り下りをしたりすると、転倒時に手がつきにくいことを話し指導している。

17. 前を見て歩かせ、列全体のスピードを考え誘導している。

18. 坂道は、勢いがつくことを保育者は理解し、指導している。

19. 公園は年齢にあった公園を選び、遊ばせる際には安全に十分気をつけている。

20. 石や砂を投げてはいけないことを指導している。

21. 犬や動物はかんだり、鶏はつついたりすることがあることを子どもに教え、注意している。

22. 蜂の嫌がることをすると刺されることを教えている。

23. 小動物（カエル・カナヘビなどを含む）を触った後は、手洗いをさせる。

24. 遊びでの危険を知らせ、自分でも判断できるよう指導している。

25. 散歩から帰った後のうがい、手洗い、水分補給を指導している。

26. 滑り台や鉄棒、登り棒は付近で指導し、保育士がいないときはやらないよう指導している。

出典：上尾市立保育所危機対応要領　資料編（上尾市作成）を一部改変

第7章

幼児期の運動発達

はじめに

　私たちの多くは、自分の身体を思い通りに動かすことができます。歩いたりジャンプしたりするだけでなく、食事中は椅子に座りながら、お箸やスプーンを使って食べ物を口に運ぶことができますし、ちょっと遠くにあるお醤油に手が届かないことを瞬時に判断して、「ちょっとお醤油取って」と他者にお願いすることもできます。座ることが難しい、お醤油に手が届くかどうか自信がもてない、といった状況に遭遇することは、ほとんどないのではないでしょうか。でも、少し考えてみると、これらはとても不思議で、そして同時にすごいことです。たとえば、ヒトの身体には約400の骨格筋[i]があるといわれていますが、私たちが自分の身体を動かすときに、これら一つ一つの筋肉の動きなんて気にも留めません。座っているときにどの筋肉がはたらいているかとか、目標に手を伸ばすときにどの筋肉とどの筋肉に運動の指令を出せばよいかとか、そんなことをいちいち考えていたら、普段何気なく行っている運動でさえ、たちまち遂行できなくなってしまうでしょう。にもかかわらず、私たちは特に意識しなくても、自分の身体を自由自在に動かして、生活動作をこなしたり、スポーツに打ち込んだり、思い切り遊んだりできるのです。

　しかしながら、私たちは生まれたときから、このようなことがすぐさまできたわけではありません。およそ生後3か月頃に頸がすわるようになり、12か

---

i　四肢や体幹の運動にかかわっていて、自分の意思で動かせる筋肉のこと。

月頃にひとり歩きができるようになり、4歳頃にケンケンができるようになり……というように、自分の身体を思い通りに動かす力を、私たちは発達の中で獲得してきたのです。言い換えるなら、私たちは、乳幼児期のさまざまな運動経験を通して、自分の身体と"お友達"になってきたのです。

　この章では、幼児期の運動発達について——つまり、幼児が自分の身体と"お友達"になっていくプロセスについて——説明していきます。そして、幼児の健やかな運動発達を支え、育むために、多様な動きを得られるような遊びを取り入れることが重要であるということについて説明します。

1　幼児期の運動発達の特徴：四肢体幹の使い方

（1）幼児期に獲得される運動の見取り図

　幼児期に獲得される運動には、どのようなものがあるのでしょうか。よく知られているものに、運動発達のマイルストーン（里程標）、すなわち、運動発達の大まかな目安があります（**表7-1**）。これは、「多くの幼児は、○歳頃に△△ができるようになる」ということを示していて、幼児の運動発達の程度をざっくりと把握するために、乳幼児健診などの場面でよく利用されています（第2章、**図2-7** 参照）。

表7-1　運動発達のマイルストーン（例）

年齢	粗大運動	微細運動
1歳	数歩のひとり歩きをする	2個の積木を積む
1歳半	まっすぐ安定して歩く	3個の積木を積む
2歳	その場でジャンプする	6個の積木を積む
2歳半	交互に足を出して階段を昇る	縦線を描く
3歳	数秒の片脚立ちをする	円を描く
4歳	数歩のケンケンをする	四角を描く
5歳	スキップする	三角を描く
6歳	閉眼で片脚立ちをする	菱形を描く

生澤他（2002）,乳幼児保育研究会（2009）,木元（2008）を参考に著者作成

　また、**表7-2** のように、幼児期に獲得されるさまざまな運動パターンを列挙して分類したものも提案されています。このような分類を利用することで、幼

表 7-2　幼児期に獲得される運動パターンの観察表

担当学年（○をつけてください）：3歳児・4歳児・5歳児　　　クラス名＿＿＿＿＿＿＿＿＿＿＿＿＿

あなたのクラスの子どもは最近，どのような動きをしていますか。（最近：1か月 or 1学期）

以下の動きについて「行っている子どもの割合」と「その頻度」の2点から当てはまる欄に○印をしてください。

クラスで行っている子どもの割合					運動パターン	クラスで観察された頻度				
どの子にもまったく見られない	一部の子に見られた	半数くらいの子に見られた	多くの子に見られた	ほとんどすべての子に見られた		ほとんど見られない	半数以下の日に見られた	ほぼ半数の日に見られた	半数以上の日に見られた	ほとんど毎日見られた
1	2	3	4	5	1　寝ころぶ−起き（立ち）上がる	1	2	3	4	5
1	2	3	4	5	2　逆さまになる，逆立ちする	1	2	3	4	5
1	2	3	4	5	3　バランスをとる	1	2	3	4	5
1	2	3	4	5	4　ぶらさがる	1	2	3	4	5
1	2	3	4	5	5　走る，追いかける−逃げる	1	2	3	4	5
1	2	3	4	5	6　跳ぶ，跳びこす，跳びつく，跳びはねる，スキップする	1	2	3	4	5
1	2	3	4	5	7　ころがる，でんぐり返しをする	1	2	3	4	5
1	2	3	4	5	8　這う	1	2	3	4	5
1	2	3	4	5	9　浮く，泳ぐ，もぐる	1	2	3	4	5
1	2	3	4	5	10　乗る，こぐ	1	2	3	4	5
1	2	3	4	5	11　登る，降りる	1	2	3	4	5
1	2	3	4	5	12　すべる	1	2	3	4	5
1	2	3	4	5	13　身をかわす	1	2	3	4	5
1	2	3	4	5	14　まわる，回転する	1	2	3	4	5
1	2	3	4	5	15　くぐる，入り込む	1	2	3	4	5
1	2	3	4	5	16　持つ，つかむ，にぎる	1	2	3	4	5
1	2	3	4	5	17　かつぐ，持ち上げる−下ろす	1	2	3	4	5
1	2	3	4	5	18　積む，のせる，置く	1	2	3	4	5
1	2	3	4	5	19　運ぶ	1	2	3	4	5
1	2	3	4	5	20　投げる，当てる，落とす	1	2	3	4	5
1	2	3	4	5	21　捕る（キャッチする），受ける	1	2	3	4	5
1	2	3	4	5	22　打つ，たたく，つつく	1	2	3	4	5
1	2	3	4	5	23　（ボールなどを）つく，はずませる	1	2	3	4	5
1	2	3	4	5	24　ころがす	1	2	3	4	5
1	2	3	4	5	25　蹴る	1	2	3	4	5
1	2	3	4	5	26　踏みつける	1	2	3	4	5
1	2	3	4	5	27　組む，抱く	1	2	3	4	5
1	2	3	4	5	28　負う，おぶさる	1	2	3	4	5
1	2	3	4	5	29　押す，押さえる	1	2	3	4	5
1	2	3	4	5	30　ささえる	1	2	3	4	5
1	2	3	4	5	31　振る，振りまわす，まわす	1	2	3	4	5
1	2	3	4	5	32　引く，引っ張る，引きずる	1	2	3	4	5
1	2	3	4	5	33　縛る，巻く	1	2	3	4	5
1	2	3	4	5	34　たおす，押したおす	1	2	3	4	5
1	2	3	4	5	35　掘る	1	2	3	4	5

出典：杉原（2014）p48 [4]

児がどのくらい多様な運動を獲得しているかを見積もったり、園で行う個々の活動がどのような運動パターンを引き出すことに結びついているかを振り返ったりすることができます。

このような運動発達の見取り図について知っておくことは、初めて発達を学ぶような場合には特に有益と思われます。歴史の勉強をするときに、いきなり特定の時代の細かな内容について学ぶよりも、何年頃は何時代で、その順番がどうなっているかといった大まかな内容から先に学んだほうが、全体像がつかめて頭が混乱せずに済むのと同じです。けれども、年齢と獲得される運動を単に対応づけたり、運動パターンの種類を並べ立てたりするだけでは、ただの暗記になってしまって、もしかしたらちょっと退屈に感じるかもしれません。そこで、以下では、幼児期に獲得されるそれぞれの運動の間にどのようなつながりやストーリーがあるかを紹介することを通して、運動発達を学ぶことのおもしろさをお伝えします。

（2）四肢体幹の発達的土台は乳児期の運動発達にあり

運動発達の代表的な原則に、「中枢から末梢へ」というものがあります。頸部や胸腹部などの中枢部、つまり体幹が先に発達して、手指などの末梢部はその後に発達するというものです。たしかに、乳児期と幼児期の運動発達の主だったものを見比べてみると、前者はお座りやひとり立ちなど、体幹の発達により重きが置かれるのに対して、後者になるほど食具や文房具の操作といった手先の発達に焦点が当てられるようになっていきます。しかし、この法則で重要なのは、「中枢が先、末梢が後」という発達の順序性だけではありません。むしろ、現場で幼児とかかわる専門職者にとって大切なことは、中枢部が安定し、姿勢を保つことにさほど注意を向けなくて済むようになることが、末梢部の巧みな運動や制御の発達的土台になっているという視点です（図7-1）。

たとえば、手先がちょっと不器用だったり、口が開いていて常によだれが出

図7-1 「中枢から末梢へ」の発達原則

ていたりするような場合、大人はついつい、目立っている問題に注意を向けがちです。けれども、このような「気になること」は、もしかしたら中枢の安定性が十分に育っていないために生じているのかもしれません。手や口、目を思い通りに巧みに操作するためには、土台となる体幹がしっかりと安定していなければならないからです。大人だって、土台が不安定だと手元の操作はおぼつかなくなります。極端な例ですが、玉乗りをしながら折り紙をしてみてごらんといわれたら、きっと「そんな大変なことできないよ！」と思うでしょう。

　このように、発達の道筋を理解することは、目立っている問題の背景にある「見えない理由」を探す有効な手立てになります。同時に、大人になったらすっかり忘れてしまうような、幼児に特有の大変さや懸命さに気づき、共感できるようになります。運動発達を学ぶと、幼児へのかかわり方も自然と変わっていくのではないかと思います。たとえば、食事中に足を組んだり机に肘をついたりしている幼児に対して「お行儀が悪い」とただ叱責するのではなく、むしろ、「姿勢を保つのにこんなに苦労していたんだね。どうしたらよいか考えてみるね」というように、理解と共感を伴ったかかわりをするようになるのではないでしょうか。まさに、「『発達を学ぶ』ことによって、あなたの眼は豊かになり子どもは新たに発見される」のです[ii]。

　では、幼児はどのようにして、末梢の発達の土台となっている中枢の、つまりは体幹の安定性を獲得してきたのでしょうか。鍵は、乳児期の運動発達にあります。乳児期の運動発達は、主に**図 7-2**のような過程をたどります。それぞれの運動は、一見するとまったく異なるように見えるかもしれません。しかし、これらの運動には共通した要素があります。ここでは、そのなかでも体幹の安定性に強く影響する「抗重力姿勢」と「姿勢バランス」の2つの要素に絞って説明します。

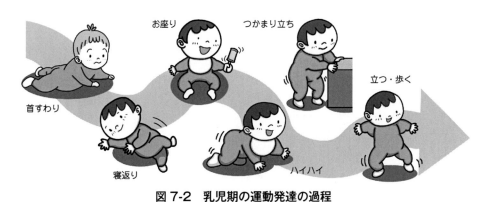

図 7-2　乳児期の運動発達の過程

ii　田中真介（監修）,乳幼児保育研究会（編）（2009）[2]「監修の言葉」より引用。

抗重力姿勢とは、重力に負けないように身体を支え、姿勢を保つことをいいます。また、姿勢バランスとは、空間における身体の位置や傾きの変化に応じて、身体各部の位置関係を整えたり、別の身体部位で変化分を補ったりして姿勢を修正することをいいます。乳児の運動発達をよく観察すると、まずは抗重力姿勢が発達し、それを土台として姿勢バランスが発達することで、いっそう難しい運動への挑戦が見られるようになっていきます[5]。たとえば、首がすわるというのは、頭部を重力に負けないように持ち上げることができる（抗重力姿勢）とともに、頭部が傾いたときにこれを垂直に立て直すことができるようになる（姿勢バランス）ことを指します。同様に、お座りができるというのは、骨盤帯よりも上部で抗重力姿勢と姿勢バランスがともに発達していることを示しています。抗重力姿勢と姿勢バランスという視点から乳児期の運動発達の過程をみてみると、頭部など身体の上部が先行して発達し、徐々に身体の下部へと発達が広がっていくことがわかります。このような運動発達の過程を経ることで、乳児は全身の抗重力姿勢と姿勢バランスを発達させ、その結果として体幹の安定性を培っていくのです。

　抗重力姿勢と姿勢バランスという2つの視点は、幼児期の運動発達を促したり、支援したりするときにも活用することができます。たとえば、マットでつくった山に登る活動（図7-3の(a)）や、ジャングルジムに登る活動（図7-3の(b)）には、重力に負けないように上へ上へ登るという抗重力姿勢の要素が多く含まれています。また、丸めたマットの上で立ち姿勢を保ったり（図7-3の(c)）、平行に並べた鉄棒の上を座ったまま移動したりする活動（図7-3の(d)）には、落ちてしまわないようにバランスをとるという姿勢バランスの要素が多く含まれています。もし体幹の安定性が十分に育っていない幼児に出会ったら、ぜひこのような視点から活動を立案し、楽しい遊びの中で運動発達を育んでいきましょう。

(a)　　　　　　　(b)　　　　　　　(c)　　　　　　　(d)

図7-3　抗重力姿勢と姿勢バランスの要素を含んだ活動の例

（3）四肢の運動発達①──手の微細運動

　ここまでは、手先や口、目といった末梢の操作性の土台となっている、中枢の安定性がどのように発達するのかを学んできました。抗重力姿勢と姿勢バランスが発達し、体幹が安定するようになることで、四肢の運動はずいぶんと行いやすくなります。けれども、体幹が安定するとただちに四肢が自由自在に動かせるようになるかといえば、実はそうではありません。体幹の発達を土台として、四肢の運動にもまた発達の過程があるのです。以下では、幼児期以降の活動で特に重要になる、①手の微細運動と②協調動作について、それぞれの発達をみていきます。

　末梢の操作性の発達的な土台として、中枢の安定性が重要だったのと同じように、手の微細運動においても、手指の操作性を引き出すための土台として、「手のなかで安定性をつくる」ことが重要になります。手の微細運動の大半では、親指側の３指（親指・人差し指・中指）が主に活躍します。ボタンの留め外し、お箸の操作、シール貼り、ティッシュ取りといったさまざまな動作を思い起こしてみると、いかにこの３指が中心的な役割を担っているかということがよくわかると思います。一方で、こういった手指の巧みな制御を支えているのは、小指側の２指（薬指・小指）です。この２指が手のなかで安定性をつくってくれるからこそ、親指側の３指は細かな操作に専念することができます。このように、手の微細運動は親指側と小指側とでうまく役割分担をすることを通して発達していくのです（**図7-4**）。

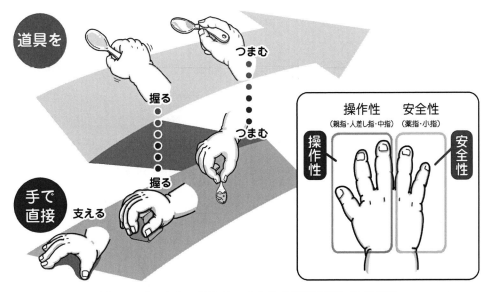

図7-4　手のなかの操作性・安定性の役割分担とその発達

では、手のなかの役割分担は、どのようにして育まれていくのでしょうか。最初に重要になると同時に、最も見落とされやすいのは、手で身体を支えるという過程です。四つ這いや高這い、はしご渡りやジャングルジム登りなど、手で体重を支えることは、手首の安定性を高めたり、手のアーチの形成を促したり、小指側の安定性の土台をつくったりして、手の微細運動の発達的土台となります。そのうえで、手全体で握ったり、徐々に指先で細かなものをつまめるようになったりすることを通して、手のなかの役割分担が発達していきます。手で直接さまざまなものをつまみ、操作できるようになってきたら、道具を操作する準備が整ってきた合図です。スプーンや鉛筆といった道具の操作でも同様に、まずは手全体で握るようにして道具を使うことからはじまり、徐々に指先で道具をつまむようなかたちで、細やかで巧みな操作ができるようになっていきます。そして、スプーンやフォークを指先でうまく操作できるようになることが、さらに難しい、お箸の操作への足がかりとなるのです。

　この一連の過程からわかるように、道具を自由自在に扱えるくらいに手の役割分担が発達するためには、まずは手や指先で直接ものを扱うといった、原初的な手の役割分担の発達が必要です。反対に、この原初的な手の役割分担が十分に育っていないのに、道具を使うことを何度練習しても、土台ができていないので道具操作の上達は見られにくくなります。実際に、スプーンの操作が苦手な幼児は、手づかみ食べもあまり上手ではないと感じることがよくあります。このような場合には、無理に道具を使わせるよりも、上手に手づかみ食べができるようになることを促したり、手で直接ものを操作する機会を日常の活動に積極的に取り入れたりして手の役割分担の発達を支援したほうが、結果的に道具操作の上達への近道になると考えられます。

　手の微細運動においても、発達の道筋を理解することは、専門職者として幼児にどのようにかかわったらよいかのヒントを与えてくれます。「〇歳になったからお箸の練習を！」というように、幼児の年齢だけで道具やその持ち方を決めるのではなく、目の前の幼児の発達をよく見て、それに応じたかかわりをすることが重要です。道具を使うことが苦手だということの「見えない理由」を突き止めるのに、やはり運動発達の理解は有益だといえるでしょう。

　ここでは、手のなかの役割分担を中心に、微細運動の発達について説明してきました。手の微細運動には、これ以外にも、手指を別々に動かすことや、手指の感覚を細かく感じ分けることなどの要素が強く影響しています。また、末梢の微細な運動という意味では、目や口、足先の運動発達についての知識もあ

るにこしたことはありません。さらに学びたい読者の方は、ぜひ章末の文献を
たどったり、実際に幼児の運動を観察したりして、発達の理解を深めてくださ
い。

（4）四肢の運動発達②――協調動作

　身体の複数の部位を互いに協力させながら一つの動作を遂行することを協調
動作といいます。協調動作には、手－足の協調動作（靴のかかとに手指を入れ
ながら靴を履く動作など）や、手－口の協調動作（お箸で口に食物を運ぶ動作
など）などさまざまなものがありますが、幼児期以降の生活で特に顕著に発達
するのは、手－手、つまり両手の協調動作です。

　両手の協調動作のうち、生活で必要とされるもののほとんどは、左右の手が
異なる役割を担うものです。一方の手で紙を押さえながら他方の手でハサミを
操作したり、一方の手でお皿を持ちながら他方の手でお箸を操作したりといっ
たものがこれに該当します。手のなかの役割分担と同じように、左右の手でも
役割分担が生じるのです。そして、手の微細運動の発達と同じように、左右の
手の役割分担を巧みに遂行できるようになるためには、その土台となる運動が
十分に発達している必要があります。

　それでは、両手の協調動作はどのような過程を経て発達するのでしょうか。
おおもとの土台になるのは、抗重力姿勢や姿勢バランスの発達によって育まれ
た、体幹の安定性です。体幹はまさに身体の「幹」となって、左右の手を操作
するのに必要な身体の中心軸としての機能を果たします。そのうえで、大まか
には、両手同時動作から両手交互動作を経て、両手の役割分担が生じるという
過程をたどります（**図 7-5**）。両手が異なる役割を担い、左右の手が相補的に
扱えるようになる目安は、およそ 3 〜 4 歳頃です。もし、両手の役割分担があ
まり得意でない幼児に出会ったときには、苦手な動作を繰り返し練習するので
はなく、左右の手を対称的に動かす両手同時動作や、左右の手を交互に動かす
両手交互動作といった要素を含む遊びを通して、土台から丁寧に運動発達を促
していくことが重要でしょう。

　両手の役割分担ができるということは、利き手と非利き手の分化が生じてい
ることを意味します。利き手の側方性は 3 歳頃に明確になりますが、はっきり
と確定するのは 7 〜 9 歳頃です[6]。利き手については、利き手を早く確定させ
たほうがよいのかとか、左利きを右利きに矯正したほうがよいのかといった質
問をよく耳にします。このように、私たちはついつい、利き手のほうに注意を
向けてしまいがちです。けれども、幼児期で重要なことは、利き手と非利き手

とが役割分担をして互いに協力しあうことです。つまり、非利き手のはたらき
も、利き手と同じくらい大切だといえます。

両手分担動作
一方の手が主な操作を担い、
他方の手がそれをアシストする
（ビーズ紐通し、折り紙、ボタン留めなど）

両手交互動作
左右の手が交互に動く
（四つ這い、太鼓を叩く、走る、手繰る、
ジャングルジムで交互に手を出すなど）

両手同時動作
左右の手が対称的に動く
（拍手、バンザイ、粘土を丸める、
紙をちぎる、両手でボールを投げるなど）

図7-5　両手の協調動作の発達

　両手の役割分担が十分に発達すると、非利き手の運動はほとんど意識されな
くなります。しかしながら、意識されないからといって、不要だということで
はありません。むしろ、意識しなくても、利き手の操作を巧みにアシストして
くれるのが非利き手のすごいところなのです。このことは、2人組になり、利
き手役と非利き手役とに分かれて両手の協調動作を行ってみると、大人でも体
感することができます。たとえば、一人が紙を持って（非利き手役）、もう一
人がハサミを操作したり（利き手役）、一人が定規を持って（非利き手役）、も
う一人が鉛筆で線を引いたりするといったことをやってみると、利き手の運
動がいかに非利き手のアシストに頼っているのかが浮き彫りになります。した
がって、「利き手を早く確定させたほうがよいか」という質問に対しては、「利
き手と非利き手の役割分担を促すために、上述した両手の協調動作の発達過程
を丁寧に積み上げていくことのほうが重要だ」というのが回答になります。ま
た、利き手の矯正についても、少なくとも運動発達の視点で重要になるのは「ど
ちらが利き手か」ということではなく、むしろ「利き手と非利き手の役割分担
がどの程度うまくいっているか」ということになるので、利き手を無理に矯正
することで両側の協調動作にかえって混乱が生じるようであれば、そのままの

手の選好性を尊重するほうが好ましいでしょう。加えて、利き手を無理に変えようとすると、幼児にとってはかなりの心理的ストレスがかかってしまい、チックなどの神経症的な症状が出ることもあります[7]。大人の一方的な都合で、幼児が自分の可能性を発見し広げていく機会を奪うことのないよう、気をつけなければなりません。

（5）精緻化されていく身体のイメージ

　幼児期における体幹と四肢の運動発達について、いくつかの視点に絞って概説してきました。幼児期には、これらの運動の諸要素が飛躍的に発達します。そして、運動の変化に伴って脳の中でも変化が起こります。本節の締めくくりとして、そのなかでも、脳内で形成される自分の身体に対するイメージ、つまり、ボディイメージの発達について、ごく簡単に紹介しましょう[iii]。

　ボディイメージは、①身体の輪郭や大きさについての静的なイメージと、②身体がどこまで、どんなふうに動くかについての動的なイメージの2つの側面に分けて考えると理解しやすくなります[5]。

　①の側面は、お尻や背中などの見えない部位も自分の身体であるとわかったり、狭い空間に身体が入るかどうかを判断したりすることと関連しています（図7-6の（a））。このような静的なボディイメージの発達を支える活動の例として、マットで挟まれたり、砂や水の中に入ったりすることが挙げられます（図7-6の（b））。目で見なくても身体の輪郭をしっかりと感じられるような機会をつくることで、ボディイメージがより鮮明になっていくと期待されます。

　そして、②の側面は、手指や足の関節がどの方向にどこまで曲がるのかを理

(a)　　　　　　　　　　(b)　　　　　　　　　　(c)

図7-6　ボディイメージの要素を含んだ活動の例

iii　私たちが自分の身体をどのように捉えているのか、また、それらが脳内でどのように表現されているのかということを説明するために、認知心理学や神経科学などの領域ではいくつかの概念がよく用いられます。代表的なものに、身体図式、身体像、身体概念、身体表象などがありますが、これらの用語の定義は研究者によって異なっており、厳密には一致していません。本章では、初学者でも理解しやすいように、このような自分の身体に対する「とらえ」を総称して「ボディイメージ」と呼ぶことにします。

解したり、跳び越せるかどうか、手が届くかどうかといったことを予測したりすることと関連しています（**図7-6の (c)**）。この図のように、飛び石の距離に応じてジャンプの程度を調整することなどを通して、動的なボディイメージは発達していきます。

　身体の動きのイメージに関して、3〜10歳児を対象にした興味深い研究があります[8]。この研究では、前方への全力ジャンプ課題を用いて、どのくらい遠くまで跳べるかの予測（動的なボディイメージ）と、実際に跳んだ距離との差を計測し、幼児や児童が自分の運動能力をどのくらい正確に把握しているのかを調べました。その結果、運動能力の正確な把握は3〜4歳にかけて急速にできるようになることが示されました。また、幼児期には自分の運動能力を過大評価する傾向がある（予測距離＞実測距離）のに対して、学童期になると、徐々に自分の運動能力を過小評価するようになる（予測距離＜実測距離）傾向がみられました（**図7-7**）。

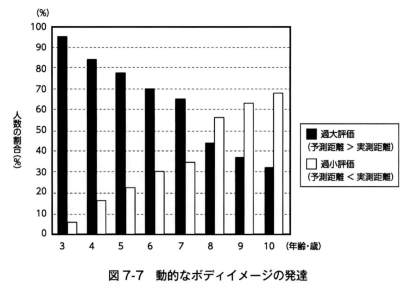

図7-7　動的なボディイメージの発達

加藤・山田（2010）を参考に作成

　実際の生活においては、自分の運動能力を過小評価して行動したほうが、過大評価したときよりもけがや失敗のリスクが下がります。したがって、このような発達の傾向は理にかなっているといえます。一方で、正確かつ合理的なボディイメージを形成するための発達の土台として、自分の運動能力を過大評価してでも全力で活動に挑戦することが重要である可能性も示唆されます。つまり、身体を思いっきり使って、さまざまな活動に積極的に挑戦することを通して、身体の動きに対するイメージの基礎をつくっていくのです。たしかに、自

分の運動能力を過大評価しやすい幼児期において、けがのリスクはどうしても避けられません。けれども、けがをさせないように運動を制限してしまうと、ボディイメージが十分に形成されないまま年齢を重ねてしまう可能性があります。ボディイメージの把握が不正確だと、無茶で危険な遊びばかりしてしまったり、動きのイメージがわかないので他者の動作模倣がうまくできなかったり、新しい運動パターンをうまく獲得できなかったりします。そのぶん、楽しめる活動の幅は狭まってしまうでしょう。これを予防するためにも、ボディイメージの発達の機会を確保するべく、幼児が全力で活動に取り組めるような安心・安全な環境をどうやってつくるかを検討することが重要です。

　力いっぱい走ったりジャンプしたりして全力での運動がうまくなってきたら、今度は運動の停止（だるまさんが転んだなど）や、運動の調整（そっと、ゆっくり動くなど）といった要素を含んだ、より高度な活動にも挑戦できるようになります。5歳児が熱中しやすい縄跳びや、鉄棒、自転車といった遊びには、運動の巧みなコントロールが要求されます[9]。ボディイメージがいっそう精緻化されると、これらの活動にも楽しく取り組む姿が見られるようになります。

2　幼児期に多様な動きを得ることの意義

　前節では、幼児がどのようにして体幹や四肢の運動を発達させていくのかを学びました。体幹の安定性や、手の微細運動、協調動作、ボディイメージなどは相互に関係しあいながら、幼児期の間に飛躍的に発達します。そして、これらの運動発達について学ぶことは、幼児とのかかわりや活動を考える際の有効なヒントになります。幼児が自分の身体と"お友達"になることを支え、育むためには、運動発達の視点が欠かせません。

　さて、本節では、このような運動発達の個々の要素に注目するのとは異なる、もう一つのアプローチについて概説していきます。それは、「多様な動きを得られるような遊びを取り入れる」という考え方です。幼児の多様な動きを引き出すことは、運動発達の全体を支え、育むことにつながります。さらには、幼児の発達や生活の全体にも影響を及ぼします。

（1）幼児期運動指針

　文部科学省が2012年に策定した「幼児期運動指針」には、幼児期における運動の意義と、幼児期の運動の在り方についてのガイドラインが示されてい

す（**表7-3**）[10]。そして、この指針をわかりやすく解説した「幼児期運動指針ガイドブック」によれば、幼児期における運動の意義は、「幼児が自発的に取り組むさまざまな遊びを中心に、体を動かすことを通して、生涯にわたって心身ともに健康的に生きるための基盤を培うこと」にあります[11]。

表7-3 「幼児期運動指針」の概要

```
1. 幼児を取り巻く社会の現状と課題
2. 幼児期における運動の意義
  (1) 体力・運動能力の向上
  (2) 健康的な体の育成
  (3) 意欲的な心の育成
  (4) 社会適応力の発達
  (5) 認知的能力の発達
3. 幼児期運動指針策定の意図
4. 幼児期の運動の在り方
  (1) 運動の発達の特性と動きの獲得の考え方
  (2) 運動の行い方
```

出典：文部科学省（2012a）幼児期運動指針[10]

そのうえで、この指針のポイントとして以下の3点が挙げられています。

```
①多様な動きが経験できるように様々な遊びを取り入れること
②楽しく体を動かす時間を確保すること
③発達の特性に応じた遊びを提供すること
```

これらはいずれも大変重要な視点ですが、ここでは、上述した通り、特に①に焦点を絞って説明します。

（2）なぜ「幼児期」か

そもそも、なぜ指針では「幼児期」の運動に焦点が当てられているのでしょうか。その主な理由は、これまで繰り返し述べてきたように、運動の諸要素が飛躍的に発達するのが幼児期だからです。加えて、幼児期は、自分の身体を思い通りに動かす力を、最も効果的に高めることができる感受性期でもあります[4]。したがって、この時期に多様な動きの体験をたくさん積んでおくことは、自分の身体と"仲良く"なる一番の近道だといえます。

（3）なぜ「多様な動き」か

　幼児期における運動発達を支え、育むのに、どうして「多様な動き」が重要になるのでしょうか。同じ運動を繰り返し反復するのではいけないのでしょうか。実は、多くの運動パターンを獲得している幼児ほど、総合的な運動能力、つまり運動発達の度合いが高いことが報告されています[4]。つまり、マラソンや筋トレのように、同じ運動を何度もやるような偏った運動体験は、特に幼児期の運動発達においては最適ではないようなのです。むしろ、**表7-2**に挙げたように、多様な運動パターンをまんべんなく取り入れた活動のほうが、自分の身体を思い通りに動かせるようになる最適な道筋だと考えられます。

　また、食事や着替え、排泄、入浴などの生活動作には、多様な運動の要素が含まれています。着替え一つとっても、上衣か下衣か、ボタンかファスナーか、どのような素材かといったことに応じて、身体の使い方は大きく異なります。したがって、多様な動きを獲得することは、さまざまな生活動作がうまくできるようになること、すなわち、身辺自立の発達的な土台となります。加えて、とっさのときに身を守ったり、将来的にスポーツや趣味活動を自由に選択できるような可能性を開いておいたりするためにも、幼児期の間に多様な動きを体験しておくことは重要であると思われます。

　では、幼児の多様な動きを引き出すためには、どのようなかかわりが必要なのでしょうか。**表7-2**のような運動パターンの多様性に注目する以外にも、さまざまな視点があります。たとえば、一つの運動パターンのなかにある多様なバリエーションを活用するという方法が挙げられます。ジャンプする活動の場合、その場でジャンプするのか、前方や側方、後方にジャンプするのか、平面をジャンプするのか、跳び下りたり跳び上がったりするのか、全力でジャンプするのか、それとも着地用の的があるのか、1人でジャンプするのか、友達と手をつないでジャンプするのか、リズムに合わせてジャンプするのか、歌いながらジャンプするのか、というように、無限のバリエーションが存在します。ほかにも、用具や場所を変えたり、人数やルールを変えたりすることによって、さらに多様な動きを引き出すことができるでしょう。

　このような視点は、保育や教育における「環境の質」という側面からも養うことができるかもしれません。このような環境の質に注目して、乳幼児の運動発達を支える環境がどのくらい整っているかを評価する指標に「MOVERS」というものがあります（**表7-4**）[12]。実際に園の環境の質を評価しなかったとしても、こういったスケールに含まれている観点をおさえておくことで、多様

な動きを引き出すための「大人の側の引き出し」が培われる可能性があります。

表7-4　MOVERS（Movement Environment Rating Scale）の概要

【サブスケール1】身体の発達のためのカリキュラム、環境、道具や遊具
項目1　身体活動を促すための環境空間を作ること **項目2**　可動式・固定式の設備・備品を含む道具や遊具を提供すること **項目3**　粗大運動スキル **項目4**　微細運動スキルを支える体の動き
【サブスケール2】身体の発達のためのペダゴジー
項目5　保育者が、屋外・屋内での子どもたちの運動にかかわること **項目6**　屋内・屋外で子どもたちの身体の発達を観察し評価すること **項目7**　屋内・屋外における身体の発達のために計画すること
【サブスケール3】身体活動と批判的思考を支えること
項目8　子どもたちの動きに関する語彙を支え、広げること **項目9**　身体活動を通してコミュニケーションをとり、相互にかかわることで、「ともに考え、深めつづけること」を支えること **項目10**　屋内・屋外で子どもたちの好奇心や問題解決を支えること
【サブスケール4】保護者と保育者
項目11　子どもたちの身体の発達と彼らの学び、発達、健康により育まれるものについて保育者が家庭に伝えること

出典：アーチャー，シラージ（著）秋田（監訳）（2018）「体を動かす遊びのための環境の質」評価スケール[12]

（4）「いけそう感」を育む

　最後に、幼児期に多様な動きを得ることの意義について、筆者の見解を示します。多様な動きを得ることの利点の一つは、はじめての場面やちょっと難しい活動に対しても、「やってみようかな」と意欲的に取り組むための心身の構え、つまり、「いけそう感」を育むための土台になることだと考えられます。さまざまな運動のパターンやバリエーションを獲得すると、初めての道具や遊具の使い方をいろいろなやり方で試行錯誤したり、やったことのない他児の運動を適切に理解して模倣したりすることができるようになります。このような体験は、自信にもつながるでしょう。そうやって新しい運動に挑戦することで、もっと多様な動きができるようになっていきます。三輪車に乗ってみたいという気持ちが、缶ぽっくりに、自転車に、竹馬に乗ってみたいという気持ちへと展開していき、そしてそれらの活動ができるようになるごとに、新たな動きが獲得されていくのです。もし、動きの多様性が極めて乏しかったら、そもそもどうやって三輪車に乗ったらいいのか見当もつかないという状況になるかもしれません。あるいは、理解できないぶん三輪車に興味を示すこともないかもしれま

せん。このように、楽しい遊びの中で多様な動きを獲得することは、将来の「やりたいこと」の素材を揃えることや、「やりたい」を「できる」に変えるきっかけをつくることにつながります。

　また、幼児は大人のように言語を巧みに使うことはできませんが、そのぶん身体を使って多様な気持ちの表現をします。したがって、多様な動きを得ることは、幼児にとっての表現の可能性を広げることにつながります。つまり、動きの多様性が大きくなることは、特に幼児期においては、表現の語彙やレパートリーが増えることと同義だと考えられます。幼児が自分を存分に表現し、気持ちを他者に伝えるための土台としても、動きの多様性は重要だといえるでしょう。

　そして、動きの多様性という視点そのものにも価値があると思われます。このような視点は、こと運動発達において、「良い－悪い」「できた－できなかった」といった二分法から、大人と幼児の両方を解放してくれるのではないでしょうか。運動の評価は往々にして、上手か下手か、成功したか失敗したかといった極めて狭い視点のみによってなされがちです。そして、そのような評価の基準しかないような状況は、大人と幼児のどちらをも苦しめ、追い込んでしまいます。「どうしてこれができないの！」と叱責し、上達するまで、成功するまで練習するといった苦行になってしまう場合もあります。これに対して、動きの多様性という視点は、新しい評価の基準を提供してくれます。鉛筆でお絵かきをするときに、この前よりも筆圧がちょっと強くなったとか、曲線だけでなく線を直角に曲げて書くことができるようになってきたとか、椅子に座るだけではなく立ったり寝そべったりして描いてみたというように、動きの中にあるさまざまな「小さな変化」を探して見つけることができるようになります。このような視点をもつことで、幼児が示す運動の見方や、活動の展開の進め方は格段に豊かになるでしょう。

まとめ

　幼児は、自分の身体を思い通りに使うことを学びながら、自己を知り、他者を知り、そして世界を知っていきます。したがって、運動発達は幼児期における発達全体の根幹にあるといえるでしょう。しかし、保育や教育のなかに運動発達の視点を取り入れるということは、単なる筋トレのように同じ運動を何度もひたすら繰り返して筋肉を鍛えればよい、ということを意味しているのではありません。保育や教育に携わる者にとって重要なことは、幼児が自分の身体

と“お友達”になる過程を見守り、促し、そしてときには支援することです。本章では、大人にとっては当たり前にできる運動の一つ一つが、実は発達の中で獲得されていく産物であることをみてきました。そのうえで、動きの多様性という視点を取り入れることが、幼児のさまざまな可能性を広げるとともに、幼児に対する大人のかかわりを豊かにすることを学びました。幼児が自分の身体でできることを、また、自分の身体を通して世界とつながっていることを新たに発見する瞬間を、大人も一緒に楽しみながら丁寧に紡いでいきたいですね。

(萩原　広道)

【引用・参考文献】
1)　生澤雅夫・松下裕・中瀬惇（編）（2002）．新版 K 式発達検査 2001: 実施手引書．京都国際社会福祉センター．
2)　田中真介（監修），乳幼児保育研究会（編）（2009）．発達がわかれば子どもが見える．ぎょうせい．
3)　木元稔（2018）．幼児期後期（4〜5歳）．大城昌平・儀間裕貴（編），子どもの感覚運動機能の発達と支援，メジカルビュー，90-107.
4)　杉原隆（2014）．幼児期の発達的特徴に応じた運動指導のあり方．杉原隆・河邉貴子（編），幼児期における運動発達と運動遊びの指導，ミネルヴァ書房，45-64.
5)　加藤寿宏（監修），高畑脩平・萩原広道・田中佳子・大久保めぐみ（編著）．子ども理解からはじめる感覚統合遊び．クリエイツかもがわ．
6)　McManus, I. C., Sik, G., Cole, D. R., Mellon, A. F., Wong, J., & Kloss, J. (1988). The development of handedness in children. *British Journal of Developmental Psychology*, 6 (3), 257-273.
7)　平沼博将（2000）．4歳児．心理科学研究会（編），育ちあう乳幼児心理学，有斐閣，163-182.
8)　加藤寿宏・山田孝（2010）．子どもは自分の運動能力をどのくらい正確に把握しているのか?．作業療法，29(1)，73-82.
9)　服部敬子（2009）．5〜6歳の発達の姿．白石正久・白石恵理子（編），教育と保育のための発達診断，全障研出版部，137-158.
10)　文部科学省（2012a）．幼児期運動指針．Retrieved September 17, 2019, from http://www.mext.go.jp/a_menu/sports/undousisin/1319771.htm
11)　文部科学省（2012b）．幼児期運動指針ガイドブック．Retrieved September 17, 2019, from http://www.mext.go.jp/a_menu/sports/undousisin/1319772.htm
12)　キャロル・アーチャー，イラム・シラージ（秋田喜代美（監訳））（2018）．「体を動かす遊びのための環境の質」評価スケール．明石書店．

第8章

日常生活における身体活動

本章の目標	・楽しく遊ぶための基礎理論を理解できる ・運動遊びの立案と実践において考慮すべきポイントを理解できる ・食事、着替えなどの生活動作と関連する身体機能を理解できる

はじめに

　文部科学省が平成24年（2012年）に示した「幼児期運動指針ガイドブック」[1]には、「毎日、楽しく体を動かすために」という副題がつけられています。つまり、単に身体を動かすのではなく、楽しく継続的に運動を行うことが、幼児期においては特に重要だということです。第7章では、幼児期における運動発達の基礎を学びました。本章では、この基礎をもとに、運動遊びを"楽しく"行うことに焦点を当てて、保育現場での実践を視野に入れた活動例を紹介します[i]。そのために、まずは"楽しく遊ぶ"ことに関する基礎理論について概説します。そのうえで、理論をもとに立案された具体的な遊びの例を紹介します。さらに、それらの遊びにより育まれた身体機能が、食事・着替えなどの日常生活動作の獲得にどのようにつながっているのかを説明します。

1 具体的な遊びを通した体の動かし方と意義

（1）楽しく遊ぶことに関する基礎理論

1）フロー理論

　アメリカの心理学者チクセントミハイ（Csikszentmihalyi）により提唱された理論です。フロー（Flow）とは、「対象に惹かれてその行為に集中し、楽しさ

---

i　わからない用語は、適宜第7章を参照してください。

を感じ、流れるように行動していることを感じる体験」と定義されています[2]。端的にいえば、我を忘れて活動に取り組んでいる状況をいいます。そして、人間はフローの状態にあるとき、自身がもつ能力を最大限発揮できるとされています。フロー体験を得るための条件として「目標（ゴール）を明確化すること」「能力と挑戦の釣り合いを保つこと」「達成度をモニターできること」など複数の項目が挙げられています。ここでは、保育を実践する上で特に重要と思われる「能力と挑戦の釣り合いを保つこと」に焦点を当てて掘り下げます。

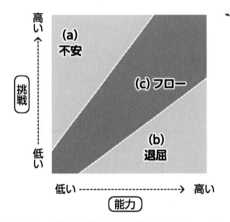

図8-1　能力と挑戦の釣り合いを保つこと

　図8-1のように、横軸にある個人の能力の度合い、縦軸にその個人にとっての挑戦の度合いを示して整理してみましょう。たとえば、個人の能力が及んでいなくて、かつ挑戦の度合いが高過ぎる活動が要求される場合には、不安が先だってしまい、活動に没頭することが難しくなってしまいます（図8-1の(a)）。一方で、個人の能力の高さに対して挑戦の度合いが低過ぎる活動を行う場合には、活動に対して退屈感が際立ってしまい、再び活動に没頭することが難しくなってしまいます（図8-1の(b)）。個人の能力と挑戦の度合いとが合致するような活動、すなわち、「ほどよい挑戦」となるような活動に取り組む場合にこそ、フロー体験は生じやすくなります（図8-1の(c)）。

2）動機づけ理論

　動機づけには、外発的動機づけと内発的動機づけの2種類があります。外発的動機づけとは、活動の結果として得られる報酬を目的に活動に取り組むことです。たとえば、子どもの場合だと、お菓子や玩具を買ってもらうためにお手伝いをしたり、褒められるため、怒られないようにするために宿題に取り組んだりすることが挙げられます。大人の場合なら、保育士免許を取得するために

試験勉強に取り組むことや、給料を得るために仕事に励むことなどが当てはまります。一方、内発的動機づけとは、報酬のためではなく、その活動自体が楽しいから取り組むことをいいます。子どもの場合だと、遊びがこの代表例といえるでしょうし、大人の場合は趣味活動などが該当します。

　また、内発的動機づけによる活動は、外発的動機づけによる活動よりも、楽しく、質が高く、持続するといわれています。したがって、「幼児期運動指針ガイドブック」にあるような「毎日、楽しく体を動かす」という目標を達成するためには、子どもたちが内発的動機づけに基づいて取り組めるように、活動を工夫することが重要です。内発的動機づけに影響を与える因子として、①自己決定感、②自己有能感が重要であると指摘されています[3),4)]。自己決定感とは、自分自身で決定したことに基づいて主体的に行動している感覚を指します。自己有能感とは、活動を通して自身の能力を実感できることをいいます。

3)「やる気」の脳科学

　上大岡・池谷[5)]は、脳科学の視座から人間がやる気を高める方法を提唱しており、①運動、②新規性、③報酬、④なりきり、の4つの要素が重要だと主張しています。①運動とは、「動くことにより後からやる気はついてくる」という考え方のことを指します。②新規性とは、普段経験しない状況を指します。たとえば、マンネリ化して子どもたちが飽きてしまわないように遊びに変化をもたせることなどが当てはまります。③報酬は、上記の動機づけ理論で述べたことと重なり、物をもらうことや褒められることよりも「達成感」が何よりも大きな報酬になります。④なりきりとは、テレビに出てくるヒーローや、忍者になりきることで苦手な活動にも取り組もうと思えることが該当します。

4) まとめ

　以上の基礎理論により、子どもが楽しく遊ぶためのキーワードをまとめたものが**表8-1**です。これらの視点は、運動遊びだけでなく、日常の保育場面で子どもたちと楽しく過ごすためにも参考になると思われます。次に、これらのポイントを意識しながら、保育場面を想定した活動立案の思考過程に焦点を当てて、説明を加えていくことにしましょう。

表8-1　楽しく遊ぶためのキーワード

基礎理論	キーワード
フロー理論	目標設定 / ちょうどよい難易度 / 達成度のモニター
内発的動機づけ	自己決定 / 自己有能感
「やる気」の脳科学	運動 / 新規性 / 報酬 / なりきり

（2）具体的な遊びを実践するときの思考過程

　遊びを立案し実践するうえで、必要不可欠な視点を2つ紹介します。1つ目は、遊びの目的です。つまり、立案した遊びが、子どもの発達のどの部分に意義をもたらすのか（発達的意義）を考えることを指します。発達的意義を考えないままに遊びを立案・実践してしまうと、「子どもに育みたい力」がぼやけてしまい、専門職として子どもにかかわる意味がなくなってしまいます。2つ目は、難易度の調整です。フロー理論でも紹介したように、能力と挑戦の釣り合いがとれているとき、つまり、難しすぎず簡単すぎない活動に取り組むとき、子どもたちの能力は最大限に引き出されます。したがって、保育者には、遊びに取り組む子どもたちが十分に達成感を味わえるように、難易度を柔軟に調整できるようになることが求められます。

　単に「○歳児だから△△遊びをしよう」とか、「この季節だからあの遊びをしよう」というように、十分に思考することなく遊びを設定していては、せっかくの遊びの効果が十分に発揮されなくなってしまいます。したがって、以上のような2つの視点で思考する過程は、遊びの設定においてはとても重要だといえます。

1）遊びの目的

　遊びを考えるときには、大きく分けて2つの発想の仕方があります。1つ目は、使用する遊具や玩具や材料から考えるやり方です。2つ目は、目的から遊びを考えるやり方です。

　1つ目のやり方について、たとえば、新聞紙をテーマに遊びを考えると仮定してみましょう。新聞紙を使った遊びには、丸めてボールを作る、棒状に丸めてバットを作る、テープ状にちぎる、ピンと張られた新聞紙をパンチで破るなど、無限の選択肢が想定されます。けれども、それぞれの遊びに必要とされる動きは異なるものです。したがって、それぞれの遊びがもつ発達的意義も異なるものになってきます。

　具体的な例を挙げてみましょう。**図8-2** は、新聞紙の上に乗り、ジャンケンで負けると新聞紙を折りたたんでいく遊びです。この活動では、足を乗せる面積が少なくなるにしたがって、より高度な身体のバランス機能が要求されるようになっていきます。一方で、**図8-3** は新聞紙の上にリンゴに見立てた玉入れで使用する玉を多数乗せて、落とさないように運ぶ遊びです。この活動では、新聞紙の両端を持つことや手の傾きを調整しながら、相手の動きにも合わせて運動を調整することが要求されます。

　このように、同じ新聞紙を使う遊びでも、目的を何とするのかによって適切な活動が異なります。子どもたちに育んでもらいたい力は何なのかということを明確にしていくと、おのずと目的に合った活動が定まっていくと思われます。保育者にとっては、常日頃から「新聞紙を使った遊び」「マットを使った遊び」というように物にあわせた遊びをたくさん知っておくことに加えて、その遊びに含まれる発達的要素を整理しておくことが重要です。そうすることによって、目的に応じて多様な遊びから適切なものを選択できるようになっていきます。

図8-2　ジャンケン新聞紙

図8-3　リンゴ配達屋さん

　2つ目のやり方について、たとえば、「くぐる」という動きを通して、「体幹の安定性を高める」「空間に対して身体を適応させるなかでボディイメージの更新を図る」といった目的がある場合を仮定してみましょう。このような場合には、「引き出したい動き」が先にあって、それが付随するような遊びを逆算して考えるという手順を追うことになります。「くぐる」動きを引き出すような遊びには、どのようなものがあるでしょうか。まず思い浮かぶのは、トンネルのような低い天井を設定することかもしれません。このとき、「くぐる」動きを引き出すような遊びを次々と連想していくことが大切です。

　再び、具体的な例を挙げてみましょう。**図8-4**は、「蜘蛛の巣遊び」です。部屋中にゴム紐を張り巡らせておき、子どもは身体が当たらないように避けながら移動しなければなりません。また、**図8-5**は、椅子を並べることでトンネルのように見立てて遊びを展開したものです。さらに、**図8-6**では、人が高這いで連なり、「人間トンネル」をつくっています。

　このように、「くぐる」など、先に引き出したい動きを明確にしておき、その目的を達成できるような遊びをどんどん連想していくことで、活動の立案・

実践ができます。「くぐる＝通常のトンネル遊び」といった固定観念にとらわれず、園にある遊具や物を使って柔軟に発想することが重要です。

図 8-4　蜘蛛の巣遊び

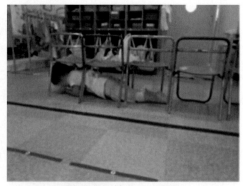
図 8-5　椅子トンネル

図 8-6　人間トンネル

2）遊びの難易度調整

　目的をもって遊びを立案・実践することができれば、次に必要なのは難易度調整の視点です。たとえば、保育者が提案した遊びが大多数の子どもにとって難しそうであれば難易度を下げ、逆に簡単そうであれば難易度を上げるといったことが考えられます。そうして「ほどよい挑戦」となる活動が適切に見いだされたとき、子どもたちは達成感を味わうことができるのです。したがって、保育者には、子どもたちの取り組みの様子を見ながら、活動の難易度を柔軟に変えていくことが要求されます。

　たとえば、保育現場でよく実践されている「しっぽ取り」を例に具体的に考えてみましょう（図 8-7）。この遊びでは、取ろうとしているしっぽを見続ける力が必要です。そのためには、スムーズに眼球を動かせなければなりません。また、他児の動きを予測しながら、俊敏に動くことが求められます。そのためには、運動方向の切り替えが必要となります。眼球運動や、俊敏な運動の切り

替えが難しい子どもたちにとっては、通常のしっぽ取りはすぐにしっぽを取られてしまうため、楽しめない遊びになってしまう可能性があります。

　そこで、難易度を調整することを考えてみましょう。たとえば、**図8-8**のように、「お尻ずりずりしっぽ取り」と称して、おしり歩きで移動したり、**図8-9**のように、「猫のしっぽ取り」と称して、四つ這いの姿勢でしっぽ取りを行ったりしてみるとどうでしょうか。移動の形態が変わることによって、運動の速度がゆっくりになるので、通常のしっぽ取りでは動きが速過ぎて楽しめないような子どもたちでも、楽しく活動に参加できるようになるかもしれません。このように、子どもたちの様子を見ながら難易度を柔軟に調整することで、活動をみんなにとって達成感が得られるものへと導くことができるようになります。

図8-7　しっぽ取り

図8-8　お尻ずりずり　しっぽ取り

図8-9　猫のしっぽ取り

3）遊びの立案・実践の例

　以上の、①遊びの目的を考えること、②遊びの難易度を調整すること、の2点を踏まえて、具体的な活動の立案・実践例を紹介します。ここでは、雑巾掛けを遊びに応用した例を取り上げます。雑巾掛けは、幼児期から学齢期まで、主に掃除の時間によく経験する動きです。以下では、この雑巾掛けに含まれる身体活動の要素を分析し、雑巾掛けを遊びへと発展させる思考過程をたどってみましょう。

a）雑巾掛けの目的を明確にする

　雑巾掛けは、高這いの姿勢を保つことが求められる活動です（**図8-10**）。この動きは、体幹と肩関節や股関節の安定性を高めるような筋肉の発達を促します。これらの筋肉が発達することによって、座位姿勢を保つことなどが容易になることが期待されます。また、手を床に押しつける動きは、クレヨンや鉛筆を使うときに筆圧を高める動作や、消しゴムを使うときに非利き手で紙を押さえる動作に共通する筋肉を使用するため、これらの学習スキルの土台を育てる

ことにもつながります。また、大人数で一斉に雑巾掛けを行うときには、友達とぶつからないように避けながら動く必要があり、空間認知の発達にもつながります。

　このうち、どのような要素に焦点を当てるかによって、遊びの細かな内容が変わってきます。つまり、活動の目的を明確にすることで、遊びの設定がおのずと変わるということです。たとえば、姿勢の保持やバランスを目的とする場合には、**図8-11**のように長椅子や平均台の上を雑巾掛けできれいにするような遊びのアイディアが生まれます。一方、運動の調整を目的とする場合には、**図8-12**のように部屋中に積み木を撒き散らし、雑巾掛けでゴミ収集所（机をくぐった先）へと収束させるような遊びが想定されます。特に後者のような場合には、積み木を集めながら進むため、運動方向を柔軟に切り替える調整の力が必要となります。このように、何を目的にするのかに応じて、活動の内容が異なってきます。

図8-10　通常の雑巾掛け

図8-11　平均台の上で雑巾掛け

図8-12　積み木掃除

b）雑巾掛けで難易度を調整する

　遊びの目的が明確になったら、次は難易度の調整です。ここでは、運動の調整（慎重に動くこと）が遊びの目的となっている場合を考えます。そのような場合に、たとえば難易度を高めようと思ったら、どのように活動を工夫すればよいでしょうか。

　チーム対抗戦で雑巾掛けリレーを行うことにしたと仮定しましょう。上述の積み木掃除では、雑巾の前に置かれた積み木は、直方体の形をしていて、転がらないものでした。これを、徐々に転がるものへと変えていくとどうでしょうか。雑巾の前に柔らかいボール（中に綿が入っているようなボール）を置いて、それをドリブルしながら進んでいくとします（ボールはバトン代わりにも使うものとします）（**図8-13**）。すると、上述の積み木よりも転がりやすくなるため、雑巾の縁からボールがはみ出してしまわないように、より運動を調整することが必要になります。さらに、雑巾の前に置くボールを硬いボール（ボールプールで使用するようなカラーボール）に変えてみたらどうでしょうか（**図8-14**）。こうすると、さらにボールが転がりやすくなるので、運動を調整する際に、さらに慎重になることが要求されます。

　活動を展開させて、今度は雑巾掛けリレーを2人3脚で行ってみる場合を考えてみましょう（**図8-15**）。先ほどまでは、物（積み木やボール）に自身の動きを合わせる活動でしたが、今度は、人に自身の動きを合わせることになります。このように、合わせる対象を「物から人」へと難易度を高めることができます。コミュニケーションの発達は、言葉だけではなく、相手の表情や動きを読み取り、それに合わせて対応する必要があります。これらの「合わせること」の土台には、身体を通して人とペースを合わせることが大切です。

**図8-13　柔らかいボールを使った
雑巾掛けリレー**

**図8-14　硬いボールを使った
雑巾掛けリレー**

図8-15　2人3脚での雑巾掛けリレー

他にも、前に置く物を「玉入れの玉」「ビー玉」「ピンポン球」「ペットボトル」「風船」「松ぼっくり」などに変えてみたり、人の数を増やし3人4脚にしてみたり、2人3脚でボールをドリブルしたり、活動は無限に創り出すことができるでしょう。雑巾掛けという単純な活動ひとつとっても、このように遊びの目的を明確にし、難易度を調整するという思考過程を経ることで、変幻自在に活動を展開させることができます。そして、このような遊びを通して、子ども達は「姿勢を保持する力」「運動を調整する力」「物や人に合わせる力」などを培っていくのです。また、活動の要素を少しずつ変化させることで、身体操作も少しずつ変化させなければならなくなるので、動きそのものもさらに洗練されたものになっていくと考えられます。

そして、子どもたちの「楽しさ」という視座に立ったとき、雑巾掛けで「遊ぶ」という新規性は、"楽しい！""もう一回！"という気持ちに結びつきやすくなると考えられます。達成感を味わい、そのたびごとに難易度が高くなっていくと、毎回"今度はできるかな!?"という気持ちが喚起されることになります。したがって、ちょっとした変化が、子どもたちにとっては新規性をもたらすことになり、そのたびにやる気が高まっていくことになるといえるでしょう。

2 日常生活での身体の使い方

園生活で子どもたちが取り組む活動を時系列に沿って列挙してみると、「登園→朝の準備（お帳面にシールを貼る・タオルを掛ける・鞄を片付けるなど）→自由遊び→朝の会→集団遊び→トイレ→昼食→着替え→午睡（保育園の場合）→おやつを食べる→自由遊び→帰る準備→降園」というように、さまざまな活動に従事していることがわかります。これらの活動によって、求められる身体の使い方は大きく異なります。本節では、そのなかでも特に、一日に何度も取り組む必要がある「食事」と「着替え」に焦点を当てて、どのような身体の使い方が必要となるかを紹介します。これらは、ある日突然にできることではありません。また、繰り返し教え込んでもできるわけでもありません。大切なことは、発達の順序に沿って土台を獲得していくことです。そこで、最初に土台部分が詳細に記述された理論である感覚統合理論を紹介し、その後、「食事」と「着替え」に特化した点を掘り下げます。

（1）感覚統合理論からみた土台部分の発達

感覚統合理論[6]は、アメリカの作業療法士エアーズ（Ayres）により体系化された理論です。人間の発達や行動を、脳における感覚情報の統合という視点から捉え、

当時は、学習障害児に対するリハビリテーションとして活用されました。**図8-16** は、感覚統合理論で用いられる「発達のピラミッド」[7] です。教科学習や言葉や手先の不器用さなど目に見えやすく大人の関心が向きやすいことはピラミッドの上方に位置します。しかし、実際には土台部分の「基本となる感覚系」の統合がうまくいかず、上に積み上がっていない子どもたちともたくさん出会います。そのようなときに、目に見える部分に着目し繰り返し練習を行うのではなく、その土台を育てる視点でかかわることが重要です。食事や着替えに関してもいえることで、これらの動作を獲得するための土台ができていないのに「お箸の練習をする」「着替え動作を厳しく教え込む」など "できないことを繰り返し練習する" に陥りがちです。その土台には何があるのかを知ることがこれらの動作を獲得するために必要不可欠な視点となります。

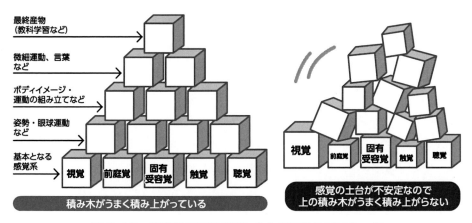

図8-16　感覚統合理論で用いられる発達のピラミッド

（2）食事

　食事は、生命維持に必要不可欠であり、他者とのコミュニケーションという観点からも大切な活動だといえます。子どもたちの食事は、乳児期の哺乳に始まり、離乳食を食べさせてもらう、自力で手掴みで食べる、スプーンで食べる、お箸で食べる、という過程を経て、徐々に成人の食事スタイルへと近づいていきます。生まれたての赤ちゃんにいきなりお箸で食べることを繰り返し教え込んだとしても、お箸での食事ができるようになるわけではありません。重要なことは、次の発達段階に進むためには、一定の土台が必要になるということです。食事におけるこのような発達段階のそれぞれにおいて、子どもたちは必要となる発達の土台を育んでいます。ここでは、特に身体機能に的を絞って、そ

図 8-17　食事に関連する身体機能・動作

れぞれの段階における発達の土台をみていきましょう（**図 8-17**）。

1）姿勢

　食事中の姿勢は、基本的には座位姿勢です。この姿勢を、食事時間（約30分）の間ずっと保持することが必要になります。さらに、手指で食具を操作することや、口腔内で食物を処理するといった身体末梢の操作を行うためには、その土台となる中枢部の体幹が安定していることが重要になります（これを「中枢から末梢へ」の発達原則といいます）。したがって、姿勢の発達が十分でなければ、座位姿勢を保持することができないだけでなく、手先や口元の操作もおぼつかなくなってしまいます。

　たとえば、食事中に座っていられずに立ち歩く、肘をついて食べる、足を椅子の上にあげて食べるなど、姿勢を保持することを補うための行動が顕著に見られるかもしれません。このような行動は、食事マナーの悪さに見えてしまうので、叱責の対象になることもあります。また、食べこぼしが多い、口で噛むことが難しいなど食事動作の不器用さが見られることもあるでしょう。

　このような子どもたちの姿が見られると、大人はつい「姿勢をシャキッとしなさい」「ちゃんと口を閉じて食べなさい」と注意したくなってしまうものです。けれども、これらの「気になる行動」の背景には、姿勢の発達が十分でないという事情があるかもしれないのです。そうだとすると、いくら注意したところで、根本の理由である姿勢の問題が解決されない限り、このような行動の改善は見込めないでしょう。これらの行動が見られるときに、子ども自身の怠慢やしつけの不十分さにばかり目を向けていては、大人と子どもの双方にとって、食事は苦しくてつらいものになってしまいます。

図8-18　姿勢の発達を促す遊び

図8-19　姿勢保持を助ける環境調整

　姿勢の問題を解決するには、どのようにしたらよいでしょうか。一つは、食事時間ではない別の時間を使って、姿勢の発達を促すような楽しい遊びを重点的に取り入れるというものがあります[7]（**図8-18**）（第７章１（２）参照）。もう一つは、姿勢保持が容易になるように、環境を調整するというものがあります。たとえば、椅子と体幹の隙間をクッションで埋めたり、座面に滑り止めシートを敷いてみたり、肘置きのある椅子にして姿勢が安定していなくてももたれられるようにしたりする方法があります（**図8-19**）。

２）利き手の操作

　食具操作においては、利き手を使って、食物を皿から取っては口へ運ぶ動作を何度も繰り返すことが必要です。この発達は、初期には手づかみ食べから始まります。そして、発達に伴って、スプーンやお箸などを使った高度な操作が可能になっていくのです。ここでは、食具操作における発達過程の４つの地点を紹介し、それぞれの地点でどのような機能が必要であるかを説明します（**図8-20**）。

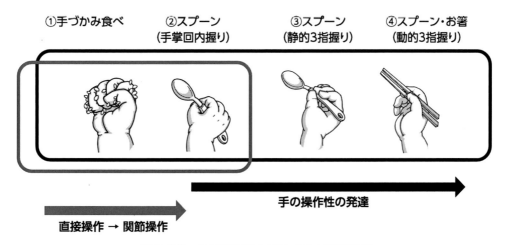

図8-20　食具操作における４つの発達過程

a）手づかみ食べから食具操作へ

手づかみ食べは、直接触って食物の感覚を捉えながら食物を口に運ぶ動作です。どのような硬さなのか、どのような大きさなのか、触った感覚（触覚ⁱⁱ）や握った感覚（固有受容覚ⁱⁱⁱ）を通して食物の特徴を捉えて、それに応じた手の使い方をします。一方で、スプーンやお箸といった食具を使用する際には、手で直接食物の特徴を捉えることができません。したがって、食具を介して、間接的に食物から得られる感覚情報を捉える必要があります。

「直接操作（手づかみ食べ）から間接操作（食具操作）へ」というこの発達の移行期には、遊び方にも変化が見られます（**図8-21**）。たとえば、手づかみ食べの時期には直接砂を触って遊んでいたのに対して、スプーン操作ができるようになるのと同じ頃に、スコップやクレヨンなど道具を使う場面がたくさん見られるようになるといったことが挙げられます。このように、食具操作の発達の評価は、食事場面だけで捉えるのではなく、他の場面での遊びの様子を観察することも大切です。そして、食事場面だけでなく、遊びなど生活全体の中で、さまざまな道具の使い方や、道具を介して扱う対象の幅を広げていくことを促す視点が重要になります。そのような体験を通じて、食具の操作も徐々に洗練されていくことが期待されます。

図8-21　手での直接操作から道具を介した間接操作へ

ⅱ　触覚は、触ったり、触られたりすることを感じる感覚で、皮膚を通して感じます。針でチクッと刺された痛み（痛覚）、水を触ったときの温度（温度覚）も触覚の一部と考えられています。
ⅲ　固有受容覚は自分の身体各部の位置や動き、力の入れ具合などを感じる感覚です。筋肉や関節を通して感じます。

b）スプーンからお箸へ

　さらに、スプーンからお箸への移行は、手の操作性の発達と深く関連しています（**図8-22**）。スプーン操作では、初期には握り持ち（手掌回内握り）が多く見られます。そして、次第につまみ持ち（静的3指握り）へと移行し、最終的には、つまみ持ちをしながら指を動かしてスプーンを細かく巧みに操作できるようになっていきます（動的3指握り）。このようなスプーンの持ち方の変化を支えているのは、手の中の役割分担の発達です。具体的には、親指側の3指（親指・人差し指・中指）は細やかな運動を担当し、小指側の2指（薬指・小指）は安定を担うようになることを指します（第7章　1（3）参照）。手掌回内握りの段階では、すべての指を握り固めて安定性をつくらざるを得なかったのが、動的3指握りでは、薬指・小指のみで安定性を担保できるため、解放された親指・人差し指・中指を細やかに動かし、スプーンやお箸を巧みに操作できるようになります。ここでも重要になるのは、食具の操作だけに焦点を当てるのではなく、次のステップへ移行するために必要となる要素を、遊びの中

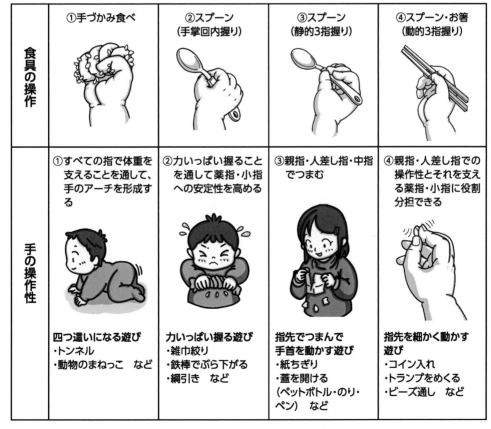

図8-22　食具の操作と手の発達の関連性

で獲得できるかという視点です。**図8-22**は、手の操作性の発達を促す活動例も示しています。

3）両手の協調動作

　園に巡回訪問に行くと、「お皿をちゃんと持ちなさい」と言われている子どもに出会うことがあります。利き手で食具を操作するだけでなく、非利き手で皿などの食器を持つことは、日本文化において特に求められる動作の一つです。このような動作では、利き手と非利き手とで役割が異なっています。このような両手の協調動作は、比較的高度なものです。もし、お皿を持つことが難しい子どもに出会った場合には、お皿を持つように注意するのではなく、両手の協調動作の発達を意識した遊びを行うことを通じて、自然とこのようなマナーを獲得できるよう促すことが重要と思われます。**図8-23**は両手の協調動作を発達過程に沿って示したものです。食器を支えて食具を操作することは、④左右の役割が異なる両手動作ができる段階であり、その前段階として、①身体の中心軸の発達、②左右対称の両手動作、③左右交互の両手動作がしっかり獲得できていることが重要です。これらの動きを含む遊びを通して、土台を固めていくことが大切です。さらに、細かく遊びを設定するならば、食器を支える動作に近い動きを獲得することも考慮すべき点です。具体的には、②左右対称の両手動作において、紙ちぎりのような力を外側にかける活動よりも、ソフトブロックを積み上げるように力を内側にかける活動が推奨されます。

①身体の中心軸の
発達

②左右対称の
両手動作

③左右交互の
両手動作

④左右の役割が
異なる両手動作

図8-23　両側の協調動作の発達過程

（3）着替え

　着替えは、登園・降園時の着替え、午睡前後の着替え、プールに入る前の着替えなど、1日の中でも数回必要となる活動です。また、それぞれの着替えのときによって、Tシャツ・カッターシャツ・ズボン・パンツ・靴下など、さまざまな形態の衣類を扱うことになります。そのため、衣類に応じた多様で柔軟な身体機能が要求されることになります。ここでは、さまざまな着替えに共通して必要となる身体機能に的を絞って概説します（図8-24）。

協調動作	ボディイメージ	姿　勢
手と頭の協調動作 両手の協調動作 手と足の協調動作	服の着脱時に 手足の位置がわかる 身体の輪郭がイメージできる	服の着脱時に バランスを保つ

図8-24　着替えに関連する身体機能・動作

1）姿勢

　食事に比べて着替えで必要性が高まる機能の一つにバランス機能が挙げられます。特に、立ったままズボンを着脱するためには、片足で身体を支えるだけの高度なバランス機能が必要となります。座ったままズボンや靴下を着脱する場合であっても、手足をスムーズに動かすためには安定したバランス機能が必要です。一方で、Tシャツなど上衣を着脱する際には、視覚情報が遮断される行程があるので、バランスを保つことが一層難しくなります。バランス機能の向上に関連する運動遊びを取り入れることで、これらの着替えに必要とされる姿勢の発達を促すことができるでしょう（第7章1（2）参照）。

　また、着替えに重要な身体の使い方として「体幹の回旋運動（ひねる動き）」が挙げられます。たとえば、立ってズボンを履くときに、体幹を回旋させることでズボンの後ろ部分を持ち引き上げる必要があります。2歳半より前の子どもたちは、この動きが十分に発達していないので、立ってズボンをはくと、前面ばかりを引っ張り上げようとする傾向にあります。また、Tシャツの袖に手を通すときにも、体幹を回旋させることで袖に通しやすい角度に手を持っていく必要があります（図8-25）。これらの動作が難しいときは、遊びの中で、体幹の回旋運動を含む動きを取り入れてみるとよいでしょう（図8-26）。狭い場所をくぐり抜けたり、狭い場所で姿勢を変換させたりするとき、体幹の回旋運動が出やすいと思われます。また、バランスの発達過程から考えると、①前後方向のバランス、②左右方向のバランス、③回旋方向のバランスの順で発達します（図8-27）。体幹の回旋運動が難しい場合は、それより前段階の前後・左右のバランスを含む遊びから始めてみるとよいかもしれません。

ズボンの前面ばかりを
引き上げる

袖に通しやすい手の角度を
作れない

図 8-25　体幹の回旋が難しい子どもにありがちな着替えの様子

狭い場所をくぐり抜ける

狭い場所で姿勢を変換する

図 8-26　体幹の回旋を引き出す遊び

(a)前後方向

(b)左右方向

(c)回旋方向

図 8-27　バランスの発達過程

2）ボディイメージ

　着替えにおいて、衣服と身体をうまく合わせることは非常に重要です。そのためには、身体がどのような輪郭をしていて、手足がどのような位置にあるのかを、特に意識しなくても把握できるようになっておく必要があります。つまり、自分のボディイメージを参照しながら、服に合わせて手足を動かしていくことが要求されます。

触覚・圧迫を通じて身体の輪郭がわかりやすくなる　　手足の位置・動きのイメージが高まってくる

図8-28　ボディイメージの発達を促す遊び

　たとえば、シャツの袖に手を通しているときには、シャツの中で腕や手がどうなっているのかを目で見て確かめることができません。したがって、頭の中にあるボディイメージが適切でない場合には、うまく着脱ができなくなってしまいます。着脱の練習を繰り返すことだけでなく、ボディイメージの発達を促すような遊びを取り入れることも重要です（第7章1（5）参照）。たとえば、友達とのふれあい遊びや、プールやボディペインティングなど触覚・圧迫を通して身体の輪郭がわかりやすくなる遊びや、はしご・ジャングルジムなど手足の位置や動きのイメージが高まる遊びが該当します（**図8-28**）。

3）協調動作

　Tシャツを着るときを想像してみましょう。このとき、Tシャツを持った手は上から下へと引っ張るのに対して、頭は反対に下から上へと伸び上がります。つまり、手と頭の協調動作が必要になるのです。また、Tシャツを脱ぐために右手を袖から抜く場面を想像してみましょう。今度は、右手は身体に近づくように引き込む動作をするのに対して、左手は反対にシャツを身体から遠くへと押し出すことが要求されます。同じように、靴下を履くときにも、足は身体から遠くへ伸びるのに対して、手は靴下を身体側へ引っ張る動作をします。

　このように、手と頭の協調動作、両手の協調動作、手と足の協調動作など、着替えにおいては複数の協調動作が必要です。これらの協調動作が難しいと、動きがぎこちなく、着替えをスムーズに行うことが難しくなってしまいます。これらの協調動作は、上述した姿勢やボディイメージの発達と組み合わせて捉えることもできます。さまざまな協調動作を育む遊びを行うことで、着替えもスムーズにできるようになることが期待されます（第7章1（4）参照）。

まとめ

　幼児は、強い好奇心に動機づけられて、その時々で環境を探索します。そのなかで新たなことを発見し、どんどん吸収し、発展させていきます。道具操作

など、遊びの中で発見したことを生活動作に応用したり、逆に、ごっこ遊びなど、生活動作で培ったものを遊びに応用したりしていきます。私たち大人にできることは、そのような子どもたちの発見の機会をたくさんつくることです。言葉でいうのは簡単ですが、実際に行うとなると、これはなかなか容易ではありません。それぞれの子どもの特性を理解し、活動の難易度を考慮し、環境設定を工夫するなど、複数の観点で保育内容を考える必要があります。本章を読むことで、考えなければいけないことが多数あり、逆に頭でっかちになってしまった方もいるかもしれません。そんなときは、保育者も「強い好奇心をもって一緒に楽しく遊ぶ」ことを実践してみてください。お手本は目の前の子どもたちです。彼らの世界に自分もどっぷりと浸かってみることで、きっと新たな発見ができることでしょう。私たち大人も、子どもたちのように好奇心をもって挑戦し続けることができれば、きっと日々の保育がより充実したものになるでしょう。

（高畑　脩平）

【引用・参考文献】

1)　文部科学省（2012）. 幼児期運動指針ガイドブック.
On line : http://www.mext.go.jp/a_menu/sports/undousisin/1319772.htm

2)　Csikszentmihalyi, M.（1975）. Beyond Boredom and Anxiety: Experiencing Flow in Work and Play. Jossey-Bass.

3)　Deci, E. L.（1971）. Effects of externally mediated rewards on intrinsic motivation. Journal of Personality and Social Psychology, 18（1）, 105-115.

4)　White, R. W.（1959）. Motivation reconsidered: The concept of competence. Psychological Review 66, 297-333.

5)　上大岡トメ・池谷裕二（2009）. 脳をだます. 幻冬舎.

6)　Ayres, A. J.（1972）. Sensory Integration and Learning Disorders. Western Psychological Services（宮前珠子・鎌倉矩子（訳）（1978）. 感覚統合と学習障害. 協同医書）.

7)　加藤寿宏（監修）, 高畑脩平・萩原広道・田中佳子・大久保めぐみ（編著）（2019）. 子ども理解から始める感覚統合遊び. クリエイツかもがわ.

■執筆者一覧 ───────────────────────────

第1章　小野　尚香　畿央大学教育学部

第2章　榊原　洋一　お茶の水女子大学名誉教授

第3章　齋藤　政子　明星大学教育学部

第4章　小野　次朗　明星大学発達支援研究センター

第5章　小野　次朗　（前掲）

第6章　小島　光華　兵庫大学看護学部

第7章　萩原　広道　京都大学大学院人間・環境学研究科

第8章　高畑　脩平　藍野大学医療保健学部作業療法学科

Column①　中村　康則　早稲田大学大学院人間科学研究科
Column②　周　　景龍　SCREEN アドバンストシステムソリューションズ
Column③　出来麻有子　畿央大学大学院教育学研究科
Column④　中村　康則　（前掲）
Column⑤　中村　康則　（前掲）
Column⑥　上出　香波　明星大学教育学部

（所属・役職は原稿執筆時）

■編者紹介

小野 次朗（おの じろう）

1953 年兵庫県生まれ。大阪大学医学部卒、豊中市立病院小児科部長、和歌山大学大学院教育学研究科教授を経て、現在明星大学発達支援研究センター客員教授。専門領域は、小児科学、小児神経学、発達障害、特別支援教育。現在、大学生を対象とする診療および発達障害のある子どもたちの診療を行っている。

主な著書として、『発達障害事典』（丸善出版、2016 年）、『特別支援教育に生かす病弱児の生理・病理・心理』（ミネルヴァ書房、2011 年）、『よくわかる発達障害（第2 版)』（ミネルヴァ書房、2010 年）など。

榊原 洋一（さかきはら よういち）

1951 年東京都生まれ。東京大学医学部卒、お茶の水女子大学子ども発達教育研究センター教授を経て、現在同名誉教授。チャイルドリサーチネット所長。専門領域は、小児科学、発達神経学、国際医療協力、育児学。現在、子どもの発達に関する診察、診断、診療も行っている。

主な著書として、『子どもの発達障害　誤診の危機』（ポプラ社、2020 年）、『最新図解 発達障害の子どもたちをサポートする本』（ナツメ社、2016 年）、『発達障害のある子のサポートブック』（学研プラス、2014 年）他多数。

■ 表紙デザイン　　小林 峰子
■ イラスト　　加藤 巧（のい）

幼児と健康
日常生活・運動発達・こころとからだの基礎知識

2020 年 4 月 7 日　　初版第 1 刷発行
2023 年 3 月 25 日　　オンデマンド版 第1刷発行

■ 編　著　　小野 次朗・榊原 洋一
■ 発行人　　加藤 勝博
■ 発行所　　株式会社 ジアース教育新社
　　　　　　〒101-0054　東京都千代田区神田錦町 1-23　宗保第 2 ビル
　　　　　　TEL: 03-5282-7183　FAX: 03-5282-7892
　　　　　　E-mail:info@kyoikushinsha.co.jp
　　　　　　URL:https://www.kyoikushinsha.co.jp/

.■本文デザイン・DTP　　土屋図形 株式会社
Printed in Japan
ISBN978-4-86371-537-0
定価は表紙に表示してあります。
乱丁・落丁はお取り替えいたします。(禁無断転載)